Old Time

老年游法国

《亲历者》编辑部 编著

中国铁道出版社
CHINA RAILWAY PUBLISHING HOUSE

年轻的时候，我们为了生活努力奋斗，放弃了很多场说走就走的旅行。

年老的时候，我们背起行囊，拾起年轻时的梦想，步履未停，行走世界。

序言 PREFACE

最美不过夕阳红。夕阳是晚开的花，是温馨又从容的年纪，也是最惬意、最无牵无挂的年纪。现在就出发，带着老伴儿一起去寻找世界最美的风景吧！

本丛书精选了十几个适宜中老年出境游的国家，以各国旅游城市为框架，单独成章，每章中详细介绍当地的旅游风情、文化特色、实用出行住宿攻略等，设计独特，是针对中老年人出境游精心打造的贴心指南。

本丛书的特色是从中老年人的出行条件、喜好出发选择国家和城市，景点涵盖全面，并且对适宜中老年人游览的景点重点介绍，各城市景点分类清晰，方便阅读。另外本丛书对每一个国家、每一个城市都有详细的资讯介绍，并配有精美的旅游风光照片和实用的景区导览图片，让读者可以轻松便捷地找到最佳指导资讯。

法国有着诸多独特的魅力。这里有充满艺术气息的时尚巴黎，有鲜花烂漫的普罗旺斯，有历史悠久的里昂，有美酒飘香的波尔多，还有风光旖旎的科西嘉岛，以及阳光明媚的尼斯海岸、明星汇聚的戛纳小镇、古典优雅的卢瓦尔河谷城堡……这个国度的一切都让人心生迷醉。所以，趁此心未老，带上老伴儿，带上这本书，去旅游吧！

本书亮点 Highlights

5大老年游首选地

甄选巴黎、普罗旺斯、里昂、波尔多、科西嘉岛5大法国著名旅游地，均为非常适合老年游客的目的地。

图解式行前准备

包括交通、签证、通信、酒店预订、货币兑换等细节，本书解决老年游客出国游的准备工作。

老年人专用攻略

符合老年人需求的观光景点、舒适酒店、养生菜品……所有攻略专为老年人量身订制。

更轻松的老年人行程

每一个目的地都提供多条符合老年人的合理旅游路线，让老年游客不再为行程发愁。

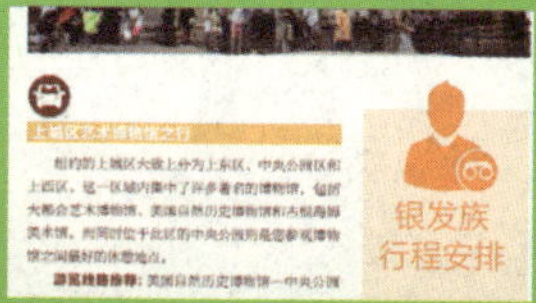

有故事的攻略

老年游客不喜欢盲目观光。书中重要景点都有相关历史、文化、故事等介绍。

大字号很有爱

更大的字号，更清新易查的版面布局，更清晰的标题层级……尤其符合老年人的阅读习惯。

目录

行前准备

9 处必游景点 …… 12
8 项知识储备 …… 14
9 个准备步骤 …… 28
4 条经典线路 …… 44

PART 1 巴黎 艺术之都

印象巴黎 …… 52
城市速读 / 银发族出行指南 / 银发族住宿指南 / 银发族养生美食 / 银发族行程安排
探一探 城市风貌 …… 63
埃菲尔铁塔 / 巴黎圣母院 / 凯旋门 / 卢浮宫
观一观 历史印记 …… 66
凡尔赛宫 / 协和广场 / 巴黎荣军院 / 巴黎市政厅 / 先贤祠
瞧一瞧 建筑格调 …… 69
枫丹白露宫 / 圣心大教堂 / 巴黎歌剧院 / 卢森堡公园 / 亚历山大三世桥 / 拉雪兹公墓 / 杜乐丽花园
赏一赏 文艺气息 …… 73
蓬皮杜艺术中心 / 罗丹美术馆 / 毕加索博物馆 / 奥赛博物馆 / 橘园美术馆
逛一逛 时尚购物 …… 76
香榭丽舍大街 / 老佛爷百货公司

PART 2 普罗旺斯 梦幻之地

印象普罗旺斯 …… 80
城市速读 / 银发族出行指南 / 银发族住宿指南 / 银发族养生美食 / 银发族行程安排
探一探 城市风貌 …… 91
戛纳 / 尼斯老城 / 瓦朗索勒 / 帕尼耶老城

观一观 历史印记 …………………… 94
阿维尼翁城 / 阿尔勒城 / 奥朗日城 / 圣维克多修道院
瞧一瞧 建筑格调 …………………… 97
埃兹小镇 / 贾尔德圣母堂 / 圣尼古拉斯大教堂 / 马塞纳广场
秀一秀 自然风光 …………………… 100
马赛旧港 / 天使湾 / 塞南克修道院 / 伊夫堡 / 英国人林荫大道
逛一逛 时尚购物 …………………… 103
卡奴比埃尔大街 / 萨莱亚广场 / 格拉斯

+ 普罗旺斯周边

摩纳哥

印象摩纳哥…………………………… 106
城市速读
探一探 城市风貌 …………………… 114
摩纳哥城 / 摩纳哥亲王宫 / 摩纳哥大教堂 / 摩纳哥海洋博物馆
瞧一瞧 建筑格调 …………………… 117
蒙特卡洛赌场及歌剧院 / 蒙特卡洛赛道 / 路易二世体育场
秀一秀 自然风光 …………………… 119
珍奇花园 / 日本花园 / 赫库勒斯港

PART 3

里昂 历史古城

印象里昂…………………………… 124
城市速读 / 银发族出行指南 / 银发族住宿指南 / 银发族养生美食 / 银发族行程安排
探一探 城市风貌 …………………… 134
白莱果广场 / 富维耶圣母教堂 / 里昂美术馆 / 里昂人壁画
观一观 历史印记 …………………… 137
圣让首席大教堂 / 嘎达涅博物馆 / 古罗马大剧场 / 高卢罗马博物馆
瞧一瞧 建筑格调 …………………… 139
沃土广场 / 金头公园 / 里昂市政厅 / 里昂歌剧院
逛一逛 时尚购物 …………………… 142
天主区商业中心 / 里昂跳蚤市场

+ 里昂周边

斯特拉斯堡

印象斯特拉斯堡……………………… 144
城市速读
探一探 城市风貌 …………………… 152
斯特拉斯堡大教堂 / 小法兰西 / 大岛
瞧一瞧 建筑格调 …………………… 154
欧洲议会中心 / 沃邦拦河坝 / 古登堡广场 / 橘园
赏一赏 文艺气息 …………………… 157
罗昂宫 / 现当代艺术馆 / 阿尔萨斯博物馆 / 圣母院博物馆

PART 4

波尔多 美酒之城

印象波尔多…………………………… 162

城市速读 / 银发族出行指南 / 银发族住宿指南 / 银发族养生美食 / 银发族行程安排

探一探 城市风貌 ………………… 173

圣安德列大教堂 / 波尔多大剧院 / 水镜广场 / 市立美术馆 / 圣凯瑟琳大街

观一观 历史印记 ………………… 176

阿基坦博物馆 / 吉伦特派纪念碑 / 加连宫 / 圣瑟兰大教堂

瞧一瞧 建筑格调 ………………… 179

圣米歇尔教堂 / 皮埃尔桥 / 梅花广场 / 胜利广场 / 佩贝朗塔

寻一寻 美酒庄园 ………………… 183

拉菲酒庄 / 玫瑰庄园 / 克莱蒙教皇庄园

\+ 波尔多周边

图卢兹

印象图卢兹…………………………… 186

城市速读

探一探 城市风貌 ………………… 193

市政厅广场 / 太空城 / 圣塞尔南教堂

观一观 历史印记 ………………… 195

奥古斯坦博物馆 / 角斗场 / 圣雷蒙德博物馆

瞧一瞧 建筑格调 ………………… 197

雅各宾教堂 / 阿塞扎宅邸 / 水塔

PART 5

科西嘉岛 英雄的故乡

印象科西嘉岛………………………… 202

城市速读 / 银发族出行指南 / 银发族住宿指南 / 银发族养生美食 / 银发族行程安排

探一探 城市风貌 ………………… 212

斯坎多拉自然保护区 / 费什博物馆 / 鲁斯岛 / 皮亚纳的卡朗克

观一观 历史印记 ………………… 215

卡尔维城堡 / 拿破仑故居 / 巴斯蒂亚城堡 / 国王阿拉贡阶梯

秀一秀 自然风光 ………………… 218

帕拉塔角 / 韦基奥港 / 科西嘉角 / 拉韦西群岛

行前准备

老年游法国
9处必游景点

老年游法国
8项知识储备

老年游法国
9个准备步骤

老年游法国
4条经典线路

老年游法国 9处必游景点

1 埃菲尔铁塔

埃菲尔铁塔诞生于1889年巴黎世博会期间，塔身总高300多米。其优雅的新艺术风格金属网状设计已成为巴黎城市上空最经典的标志，是巴黎的绝对地标，同时也是整个法国最具代表性的建筑之一。

2 卢浮宫

卢浮宫坐落在塞纳河畔，建于1204年。这座享誉全球的博物馆中收藏着来自世界各地的艺术藏品，其种类之丰富、艺术价值之高让人难以想象。馆中“镇馆三宝”是世人皆知的《米洛的维纳斯》《蒙娜丽莎》和《萨莫特拉斯的胜利女神》。

3 凯旋门

雄伟的凯旋门是为了纪念拿破仑在奥斯特里茨的战争胜利而建，是世界上首屈一指的纪念性建筑。立面上的四组巨大雕刻出自当时三位法国古典浪漫主义雕刻大师之手，极具艺术震撼力。

4 巴黎圣母院

巴黎圣母院是天主教巴黎总教区的主教座堂。这座哥特式风格的教堂因雨果的同名小说的问世而声名远扬。如今登上塔楼虽然遇不到“钟楼怪人”，但却能看到17世纪的大钟，近距离接触教堂外壁上的神兽，俯瞰塞纳河的美丽风光。

6

5 凡尔赛宫

凡尔赛宫位于法国巴黎西南郊外凡尔赛镇，原是路易十三的狩猎行宫，经路易十四下令扩建而发展为法国皇宫。凡尔赛宫以其大气恢宏的设计规划和奢华富丽的内部装饰位居世界五大宫之列。

6 普罗旺斯

普罗旺斯地区地域广袤，气候极富变化，拥有非比寻常的魅力。这里有着开满薰衣草的梦幻乡村，阳光充沛的蓝色海岸，还有悠闲自在的小镇集市。普罗旺斯得天独厚的风景也是文人和艺术家最爱之地。

5

7 戛纳

位于法国蓝色海岸的一个魅力小城，因戛纳电影节而闻名于世。每年 5 月，这里都会成为全世界的焦点，巨星云集，星光闪耀。在 5 月之外的时间，小城明媚而安静，水天一色的蓝色让人沉醉。

9

7

8

8 尼斯老城

尼斯建城后最初形成的地方，最初由希腊人建成，老城区里有很多巴洛克式的教堂和房屋，充满意大利式的生活气息和情调。这里的建筑物颜色鲜艳明亮，高低曲折的狭窄小巷随小山丘起伏，沿路有不少特色小店、餐厅和酒吧，适合悠然闲逛。

9 卢瓦尔河谷城堡群

卢瓦尔河谷城堡群由香博堡、舍农索水上城堡、舍维尼城堡和昂布瓦兹皇家城堡构成。蜿蜒流长的卢瓦尔河边古堡点缀，景色优美，有“法国花园”之美誉。如果你想见识贵族生活的盛况和法国建筑的辉煌，那么这座皇家山谷无疑是最值得逗留之地。

老年游法国

8项 知识储备

了解信息	语言问题	货币问题
通过书籍、网络、电视等渠道获取相关的旅游信息，储备足够多的旅游知识	通过法语对话场景为老年人提供基础性的法语语句，相应的词汇卡，帮助老年人解决相应的语言问题	通过图解货币，让老年人在出发前了解法国货币，及当地ATM机的使用

1 了解信息

在去往法国旅游之前，老年人应先对法国及当地旅游有一定了解，便于日后的出行。相关的旅游信息可以通过旅游书籍、网络、媒体等相关渠道来了解。

书籍

书籍是获取知识的最佳渠道，老年人在去法国旅游之前，对法国了解不深的时候，就可以通过书籍来了解法国的文化历史，民风习俗等，让我们的旅游更加具有深度。

《你知道或不知道的法国史》：书中详尽描写了法国历史上影响世界的诸多伟人，以及这片神奇的土地上发生的重大历史事件，让读者对法兰西文明有一个更加明晰、客观的认识，并从中学到法国人独特的聪明才智和浪漫风情。

《地图上的法国史》：该书以近六十幅原创绘制地图加简短说明文字的形式，图文对应地讲述了法国从古至今的历史：古罗马高卢战记、法兰克王国的崛起、拿破仑的宏图伟业、地中海联盟与法国的 21 世纪蓝图，法国不同时期的历史风貌在地图和文字的交融中得到最直观、最简明的呈现。

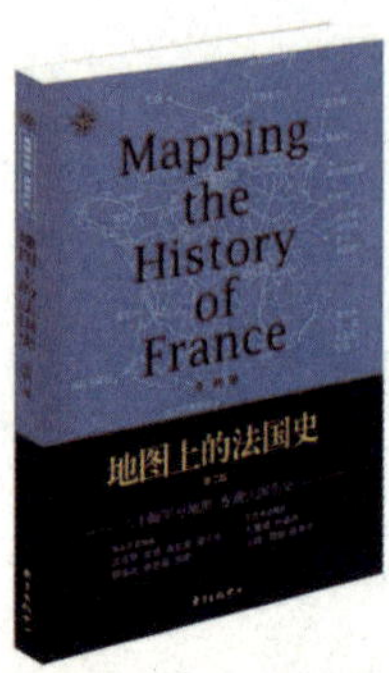

《文化盛宴——法国》：此书由曾经担任驻法使馆外交官的施燕华女士编写著作，书中详细介绍了法国的旅游资源和值得参观的地方，以其外交官的角度描述了她对法国文化了解的独到之处，书中不仅介绍了旅游，还介绍了法国的政治制度、文化、法国人的价值观以及法国的生活艺术，内容丰富，具有极佳的可读性。

时差问题	通信问题	安全问题	饮食习惯	本土交通
清晰明了地介绍中法两国之间的时差问题	手把手教老年人如何在异国购买电话卡、打异国电话、连接当地网络	介绍法国地区的安全问题，列举在法国旅游发生紧急情况时所需的帮助电话	介绍法国地区的饮食特点及习惯，让老年人进一步了解当地的饮食文化	详细介绍法国本土交通，清晰直观地让老年人对异国的交通方式有一个大致的了解

网络

如今网络发达便利，是了解相关信息的便捷渠道，有上网能力的老人可以通过浏览相关网站了解法国的旅游信息，上网能力有限的老人可以通过家人的帮助或网站官方电话的咨询，了解相关信息。

名称	网址	简介	官方电话
穷游网	www.qyer.com	穷游网是国内最大的出境游社区，为用户提供原创实用的出境游旅行指南和旅游攻略，并提供办理签证、保险、机票、酒店预订、租车等服务	穷游网暂不提供电话客服
携程旅行网	www.ctrip.com	携程旅行网是一家大型综合性的旅游网站，向人们提供集酒店预订、机票预订、度假预订、商旅管理及旅游资讯在内的全方位旅行服务	400-820-6666
途牛旅游网	www.tuniu.com	途牛旅游网以“让旅游更简单”为使命，为消费者提供全球范围的旅游产品预订服务，产品全面，价格透明，并提供丰富的后续服务和保障	400-797-3024

其他媒体

除了书籍和网络之外，老年人还可以通过电视节目来了解法国相关的旅游信息。现在电视节目非常丰富，旅游类的节目也层出不穷，老年人通过这些节目可以进一步了解法国，既方便又直观。

著名的海南旅游卫视是国内唯一一家以旅游休闲为主要内容的电视频道，以多样化的节目风格，专业化的旅游节目，成长为独具特色、最具影响力的卫星频道之一，全天 24 小时播出，节目丰富多样，其中《玩转地球》《超级旅行团》等节目能够收看到海外国家的风情。

另外山东省最有影响力的电视旅游节目《旅游 365》、北京电视台 BTV-9 的《四海漫游》、CCTV-3 综艺频道的《世界各地》也是非常不错的旅游节目。

2 语言问题

法国的官方语言为法语。出行之前老年人可以在家人的帮助下，将计划要去各个城市的景点地点用法文列出来，方便打出租车或者是问路。在法国，如果需要帮助，千万不要因为语言不通而不敢去问，必要时也可借助随身语言卡片或者肢体语言来解决问题。在出国前应多准备一些必要用语小卡片，如食物（nourriture）、水（l'eau）、酒店（hôtel）等。

漫画场景之买药

1. 感觉肚子不舒服

2. 解释吃坏了肚子

3. 告知肚子不舒服

4. 护士明白来意

不懂法语也不怕

法文	中文
Avez-vous une chambre plus grande?	你们有比较大的房间吗？
Quel est le prix de cette chambre par nuit?	这间房每晚房价多少？
Je resterai pour 3 nuits.	我将住 3 个晚上。
Je vourdrais achter un billet.	我要买一张车票。
Est-ce que je peux le voil?	我可以看看这个吗？
Je vais prendre cela.	我要买这个。

法语场景之登机

① Quand est-ce qu'on l'enregistrement?
何时办理登机手续?

② Où est-ce que je monte dans l'avion?
登机口在哪儿?

③ A quelle heure peut-on monter (dans l'avion)?
几点可以登机?

④ Combien de bagages puis-je apporter avec moi?
我可以带多少行李?

⑤ Nous voudrions une place cOté fenêtre dans la cabine non fumeurs.
请帮我们安排一个禁烟区靠窗的座位。

备用词汇卡

转机 correspondances	航站楼 terminal	大厅 hall
入口 entrée	出口 sortie	过境 le transit
海关 des douanes	办理登记 enregistrement	登机口 porte(d'embarquement)
候机室 salle	航班号 no du vol	延误 des retards
入境审查处 immigration	行李转台 réception des bagages	护照 passeport

法语场景之住宿

① Est-ce que vous avez?
这里还有空房吗?

② Quel est le prix de cette chambre par nuit?
这间房每晚价格是多少?

③ Est-ce que je peux voir la chambre?
我可以看一看房间吗?

④ Le petit déjeuner est compris? 是否含早餐?

⑤ Je prends cette chambre. 我要这间房。

备用词汇卡

单人房 chambre simple	折扣 rabais	毛巾 serviette
双人房 chambre double	税金 taxes	热水 eau froid
浴室 salle de douche	保险箱 coffre–fort	房价 tarifs
套房 suite	尚可订房 disponible	肥皂 savon

备用词汇卡

菜单 carte
餐叉 fourchette
火腿 jambon
餐刀 couteau
玻璃 verre
鱼 Poisson
开胃菜 entrée
牛肉 boeuf
虾 crevette
瓶子 bouteille
甜点 dessert
贝类 coquillage
主菜 plat
鸡肉 poulet
蔬菜 l é gumes

法语场景之就餐

① Quelle est le plat du jour?
今日特餐是什么

② Quels sont les ingrédients?
那是什么菜?

③ Je suit végétarien?
我是个素食主义者?

④ Une table à deux s' il vous plait.
请给我一张双人桌。

⑤ Mon plat n' est pas encore venu.
我的菜还没上。

⑥ L' addition s' il vous plaît.
请给我账单。

备用词汇卡

入境检查 immigration
违禁品 contrebande
检疫 quarantaine
现金 encaisse
免税品 cela
外国居民 Etranger
健康卡 carte sanitaire
目的地 destination
入境登记卡 fiche d'entrée
护照检查 l'inspection des passeports
现金申报单 déclaration de trésorerie
有效（无效）efficace/nul et non avenu

法语场景之入境检查对话

问：Quel est le but de votre visite?
你到法国的目的?
答：Tourisme. 观光
问：Combien de temps vous comptes rester en France?
你计划在法国逗留多久?
答：Deux Semaines. 两周。
问：Où logerez-vous au moment vous serez en France?
你准备住在哪里?
答：Je vais loger à I' Hotel.
我住在酒店。
问：Où visiterez-vous?
你准备去哪些地方?
答：Paris et ses environs.
巴黎和周边地区。
问：Un bon séjour.
旅行愉快!
答：Merci.
谢谢!

3 货币问题

法国是欧盟成员国，同时也加入了欧元体系，因此当地流通的货币是欧元（Euro），代表符号是€，1 欧元等于 100 欧分（cent）。欧元的面额分为€ 5、€ 10、€ 20、€ 50、€ 100、€ 200、€ 500 等 7 种面额，每种面额的大小、颜色均不同，硬币有 8 种，包括 1 欧分，2 欧分、5 欧分、10 欧分、20 欧分、50 欧分、1 欧元、2 欧元。

货币兑换

目前 1 欧元约可兑换人民币 7.1 元（具体以银行柜台交易价格为准），游客可以在国内各大银行进行欧元的兑换（如中国银行、中国工商银行、中国建设银行等，如金额过大，需提前预约）。到达之后，最好换一些零钱准备搭车，€ 5、€ 10 的小面额纸钞最实用，有些小店或摊贩甚至不接受面额超过 20 欧元的纸钞，因此换钱时，最好要求多换些 20 欧元以下的小额纸钞。

银发族温馨贴士

中国国内任何一家银行办理的银联卡都可以在法国刷卡消费和取现，不过法国许多 ATM 机会收取 ATM 服务费，这笔费用是法国当地银行收取的，与银联和发卡行无关。国内现有华夏银行推出优惠措施，办理华夏银行的借记卡在法国取现金时，每天的第一笔取款免手续费。

ATM 取款

目前，法国所有城镇都设有国际联网的 ATM 机，持卡人可在带有银联标志的 ATM 上提取现金。用银联卡可避免携带大量现金，只需提供密码认证，能保障人身和资金安全。境外使用银联卡在 ATM 上取款，按国家主管部门规定：银联借记卡单卡每日累计取款不超过 1 万元人民币的等值外币，按 1:7 的汇率估算，约合 1400 欧元；银联信用卡每日取款限额请咨询各发卡银行。有些 ATM 设置了单笔取款上限，这种情况下可以分次取款，只要累计金额不超过日上限即可。

刷卡

法国几乎所有地方都接受信用卡和借记卡，使用起来方便安全。刷卡时用人民币结算，银联将消费的当地货币金额转换成人民币金额，银行按此扣减持卡人的人民币账户，汇率采用中国银行当日欧元卖出价。但建议携带足够的欧元现金来法国，以便在需要的时候支付打车和旅馆的费用。

4 时差问题

法国使用 24 小时计时制度，属于中欧时间，横跨 UTC 和 UTC+1 两个时区，全国目前使用 UTC+1 为标准时间，即比世界标准时间早 1 小时，比北京时间晚 7 个小时。另外，法国和欧盟其他国家一样，每年 3 月最后一个周日到 10 月最后一个周日实行夏令时（UTC+2），比世界标准时间早 2 小时，比北京晚 6 个小时。

银发族温馨贴士

前往法国旅游，老年人应该如何克服时差问题呢？除了有节制地服用适量助眠药品之外，自身的调节更为重要：避免出游时过度的兴奋，睡前不要做高强度的活动，不看紧张的电视节目和电影，不饮浓茶或咖啡。如能睡前在室外空气新鲜的地方慢慢散步半小时，或用热水泡泡脚，都会对轻松进入梦乡大有益处。

5 通信问题

到法国要接打电话的话主要有两种方式：第一种就是在国内开通国际漫游后到法国直接用你原来的手机和手机卡接打电话；第二种就是到法国后换法国的 SIM 卡，再使用。第一种方式比较方便，如果你不是经常使用手机，建议用这种方式。第二种方式话费会便宜一些，但是需要购买法国 SIM 卡，购买时要先确认所购买的卡是否适用于你的手机。法国三大移动通信运营商 Bouygues、Orange、SFR 的服务厅随处可见，都可以很方便地买到 SIM 卡。

拨打电话

1 **拨打国际长途**

在法国用当地的电话拨打国际长途电话回中国，拨号方法：法国国际接入码（00）+ 中国国家代码（0086）+ 城市区号 + 电话号码。

2 **拨打法国国内长途**

拨打本地电话，打开手机，输入当地十位电话号码直接拨打即可。

连接网络

法国是世界上无线网络覆盖最密集的国家之一，主要机场、许多旅馆和小餐馆都能找到无线网络接入点。一些游客办公室和很多咖啡馆都提供无线网络热点让顾客免费上网，当老年人在境外旅行时，可随身携带 iPad 或智能手机，想上网时，只需要点开 Wi-Fi 连接，寻找相应的热点，输入密码，即可联网。

6 安全问题

无论是居住还是旅游，法国总体来说是个比较安全的国家，但是近年来该国的犯罪率却与日俱增。由于中国来访人员身上多有现金，因此备受扒手关注，财物被盗的事件时有发生，游客出行需要时刻注意身边财务安全。必须注意：

1. 在法国旅行，不要携带大量现金，应尽可能使用信用卡、支票或支票卡或旅行支票。

2. 保管好自己的财物，在离开酒店时必须检查有无遗留物品或钱财。

3. 遇到抢劫时，不要强行反抗，尤其是遇到凶恶的歹徒更要冷静处理，首先要保证生命安全。遇劫后，应立即拨打报警电话 17，或就近向警察局报警。

紧急电话

1. 以下法国各种紧急情况请务必记住：报警电话：17；救护车：15；消防车：18

2. 中国驻法国大使馆

地址：巴黎第八区乔治五世大街 11 号

（11，avenue George V - 75008 Paris）

使馆电话：+33-01-149521950

3. 中国驻法国大使馆领事部，电话：0153758831
中国驻马赛总领事馆，电话：491320000
中国驻斯特拉斯堡总领事馆，电话：0388453232
中国驻里昂总领事馆，电话：0437248305

4. 法国急症医生中心：0147077777
法国电力突发事故电话：0801131333
法国煤气突发事故电话：0801131433
法国药品中心紧急电话：0148746518
法国心脏病急救电话：0147075050
法国牙科急救电话：0143363600

7 饮食习惯

法国的美食史与它的文明史一样悠久绵长，甚至也是本国文明史的一部分。面包、糕点、冷食、熟食、肉制品、奶酪和酒，这些是法国饮食里不可缺少的内容，其中最让法国人引以为荣的是葡萄酒、面包和奶酪。

法国菜以其美味可口出名，菜肴种类繁多，烹调方法独特。欧洲的佳肴几乎都是法国人烹制的，欧洲第一流的饭店、餐馆所雇的大厨多半是法国人。法国的美食和法国人对生活的要求以及审美观有直接关系，他们将饮食赋予哲学的意义，认为个人饮食应符合各自的教养与社会地位，并将同桌共餐视为一种联络感情、广交朋友的高雅乐趣，这一点与崇尚“民以食为天”的中国民众不谋而合。

饮食特点

法国菜具有选料广泛、用料新鲜、装盘美观、品种繁多的特点。菜肴一般较生，还有吃生菜的习惯。在调味上，用酒较重，并讲究不同的原料用相应的酒。他们的口味肥浓、鲜嫩而忌辣。肉、鸡、鱼、虾、鸡蛋和各种蔬菜水果是他们喜爱的食品，法国人尤其爱吃菠萝。

法国美食除了对菜的配料、火候、搭配、选料的新鲜程度、烹调方法等有着严苛的讲究外，还特别追求进餐时的情调，比如精美的餐具、幽幽的烛光、典雅的环境等。

银发族温馨贴士

老年人的饮食习惯相对固定，好在中国的饮食文化遍及全球，在法国也有很多中餐馆，吃不惯西式快餐的老年人可以前往中餐馆就餐。而对于一些喜欢当地口味的老年朋友们来说，暴饮暴食应该绝对避免。老年人的肠胃吸收功能较差，旅途中应选择清淡饭菜为主，大鱼大肉和过甜过咸的食品都应敬而远之。

8 本土交通

法国境内大众运输系统四通八达，无论你想去哪里，都有适合的交通工具负责把你带到。但是出门在外，语言又不通，出行前一定要做好相关城市的交通攻略。除了要了解你所要到达城市的内部交通外，不同城市之间来往的交通也要提前查询。

国内航空

国土呈六角形的法国拥有密集的陆上交通网络，然而航空票价过去始终居高不下，这使得国内航空通常局限于商务客或时间有限的短期旅客。不过，随着近年来廉价航空的盛行，机票与火车票的价格被大大拉近，这也让法国的国内航空更加具有竞争力。

法国国内的航空公司主要分为传统航空和廉价航空。其中传统航空中的法国航空公司（Air France）于 2003 年与荷兰皇家航空合并，成为世界上最大的航空公司之一，服务品质及飞机等级都具有一定水准。

种类	名称	网址	电话
传统航空	法国航空	www.airfrance.com	4008808808
	荷兰皇家航空	www.klm.com	4008808222
廉价航空	易捷航空 Easyjet	www.easyjet.com	8431045454
	瑞安航空 Ryanair	www.ryanair.com	0892780280

机场大巴服务：在大多数城市，机场大巴提供便捷实惠的通往机场的服务。这些大巴大多有规定的路线和停车点（包括主要的旅馆），以及一些他们服务区域内的接送乘客的从门口到门口的服务。

铁路

法国的铁路系统是由法国国家铁路局（SNCF）负责规划建造的，路线以首都巴黎为中心，向四面八方放射铺展，包含高速火车（Train à Grande Vitesse，简称 TGV）路线和通达各城镇的一般火车路线。在这些一般火车路线中，全国性的跨区路线被称为“大路线”（GL），仅在单一地区行驶的路线则统称“地区性快速运输系统”（TER）。

这些绵密的路线，构成了法国无所不达的铁路系统。如今，无论是搭乘 TGV 快速抵达旅游胜地，还是搭乘小火车穿梭于乡间，在法国搭火车绝对是一种享受。与航空相比，乘火车不但省去了市区和机场间的来往接驳，而且也省去了候机登机的漫长等待时间。

很多旅客对法国的点对点弹性票价感到陌生和头疼，因为火车票价除了受到实际距离和座位等级影响外，购买时间、票种限制、搭乘时段也会影响价格。如果懒得研究这些错综复杂的票价，不妨选择火车通行证（France-Rail-Pass），这是法国铁路局专为海外游客准备的一种特殊票务制度，选择想要的旅行天数，一票在手，即可遍行法国，并且让行程变得有弹性，省去不少烦恼，最适合多点移动的旅客。

火车通行证只适用于外籍人士，因此只可在法国境外购买，游客可直接向票务代理旅行社购买，使用前至任意火车站售票柜台，由站务人员盖章并填上使用者护照号码即可生效。具体票种票价可见下表（票价单位为欧元）：

票种	成人个人票		2~5 人同行票		老人个人票	青年个人票	
舱等	头等舱	二等舱	头等舱	二等舱	头等舱	头等舱	二等舱
3 天	203	164	173	141	177	143	121
4 天	234	190	199	163	203	164	140
5 天	263	214	224	184	229	185	159
6 天	292	237	248	204	255	206	176
7 天	320	258	272	222	279	227	195
8 天	348	280	296	241	304	247	213
9 天	376	301	320	259	329	267	230

银发族温馨贴士

在法国旅途过程中，乘火车是最快捷的方式，但是若是城市之间距离过远，为减少行程中的疲劳，还是建议乘坐飞机。此外老年人精力有限，旅行日程安排宜松不宜紧，活动量不宜过大，游览时，行步宜缓，循序渐进，要量力而行以免劳累过度。若出现头昏、头痛或心跳异常时，应就地休息或就医。

长途巴士

由于法国密集的铁路网络，班次多、快捷方便，使得长途巴士的使用率相对较少。但是当需要前往布列塔尼、诺曼底、普罗旺斯和蔚蓝海岸这些地区内许多火车无法直达的小镇时，巴士就成为值得倚重的交通工具。

法国当地除了观光巴士外，设有长途的跨省、区的巴士，想要搭乘这些跨城市的长途巴士，需要乘坐 Eurolines 等跨国巴士公司运营的长途巴士。

名称	网址	类型
Eurolines	www.eurolines.com	跨城市长途巴士
Alsa	www.alsa.es	跨城市长途巴士
Mobigo	www.mobigo-bourgogne.com	勃艮第区域巴士
Ain	www.ain.fr	罗纳河 – 阿尔卑斯区域巴士
Envibus	www.envibus.fr	普罗旺斯区域巴士

租车

法国的普罗旺斯和蔚蓝海岸、比利牛斯和诺曼底等区域，有许多迷人的小镇，想要拜访这些地方，除了搭乘区域巴士或地方公交车，租车也是一种选择，且租车可以让旅途变得更加自由。在国外租车旅游，最重要的不外乎能挑到车辆种类齐全、有完善事故处理机制、值得信赖的租车公司，最好提前预约。

地方交通

在法国旅游，一般无需担心交通问题。在法国的多数城市，地铁、公交都十分方便。此外，还有为数众多的出租车以及自行车租赁服务。

地铁和电车：法国的许多大城市都铺设了四通八达的轨道交通网络，这些交通工具方便快捷，几乎无所不至。其中最大的运输系统在巴黎、里昂等城市，其他城市或许有一两条主要服务于市中心的轨道线路。

公共汽车：法国大多数城市都有可靠的地方公共

汽车体系，它们的路线通常涵盖了城市中每个值得去的地方，而且在晚上和周末时，还会提供更久的运营时间。除了单程票外，游客也可以根据自己的行程购买含 10 张票的特惠通票或者一日通票。

出租车：法国出租车是计程的，起步价大约 2 欧元。在路边几乎拦不到出租车，乘客需要前往特定的候车点或电话预约，并且他们会对等候和行李包收取部分额外费用。

自行车：比起其他交通工具，法国一些城市中自行车更普遍，至少有一些专门的自行车道和路线，而且自行车总是可以在公共交通中使用。

机场大巴：在法国的大多数城市，都有机场大巴提供便捷实惠的通往机场的服务。这些大巴大多是宽敞舒适的客车，包括一些有规定的路线和停车点，以及一些他们服务区域内的接送乘客的从门口到门口的服务。

银发族温馨贴士

在法国境内，除了一些普遍的交通方式，还有着许多机构可以负责安排共乘，即帮助正在寻找交通工具的游人联系去同一目的地的司机。其中最为著名的机构是总部在巴黎的 Allostop（www.allostop.net），单程 100 千米的费用仅需 8 欧元，十分方便。

老年游法国

9个准备步骤

提前多久准备 2个月前

1 step 详见28页
选择时间
最佳游季一目了然

2 step 详见30页
办理护照
手把手教您办理护照

3 step 详见32页
规划行程
全方位概述旅行规划

1 选择时间

法国位于欧洲西部，与比利时、卢森堡、瑞士、德国、意大利、西班牙、安道尔、摩纳哥等国接壤，西北隔英吉利海峡与英国相望，濒临大西洋和地中海，位于地中海上的科西嘉岛是法国最大岛屿。

法国气候总体来说温和多雨，尤其法国南部地中海沿岸地区，四季阳光充沛，是人们最喜爱前往度假休闲的地方。法国东北属大陆型气候，夏季炎热而冬季寒冷，西部属海洋性温带阔叶林气候，南部属亚热带地中海气候。全国年平均气温几乎都在0℃以上，最高也不过20℃左右，可以说是四季皆宜。

法国境内大部分地域的气温受温带气候控制，当然，也有很多地方气候受到海洋影响较为严重，例如法国南部地区就受到了强烈的地中海气候的影响。因此在法国，每一个地方的旅游旺季都有所差别。

4至6月，法国大部分地区都已步入春天，此时法国南部小镇的花海无疑是全法国最让人迷醉的风景。普罗旺斯的露天集市上摆满了五颜六色的新鲜

法国旅行月历

1月	阿尔卑斯山	滑雪
2月	芒通	柠檬节
3月	普罗旺斯阿尔勒城	奔牛节
4月	普罗旺斯	牧羊节
5月	戛纳	戛纳电影节
5月	摩纳哥	摩纳哥F1大奖赛
6月	巴黎	法国网球公开赛
7月	巴黎	法国国庆节
8月	洛里昂	凯尔特音乐节
9月	波尔多	葡萄丰收
10月	巴黎	不眠之夜
11月	里昂	万圣节派对
12月	里昂	里昂灯节

1 个月前 → 15 天前 → 7 天前 → 出发当天

4 step 详见 33 页
办理签证
步骤式图解办理签证流程

5 step 详见 35 页
旅行保险
简明介绍几大旅行险公司

6 step 详见 36 页
预订机票
提供多种预订机票方式

7 step 详见 38 页
预订酒店
全面周详地教您预订酒店

8 step 详见 39 页
准备行李
详细的行李清单让您行程无忧

9 step 详见 41 页
搭乘飞机
全面的搭乘飞机步骤

蔬果，到处都充满了令人愉悦的春天的气息。

7、8 月份是法国的旅游旺季，此时法国正处于暑假时期，人们纷纷前往海边度假，蓝色海岸的尼斯和戛纳等地海风煦煦，颇受欢迎。

秋天，城市里有很多不同的演出、音乐会等活动，这时候也正是葡萄成熟时，波尔多的美酒庄园里葡萄挂满枝头，酒香迷人。而到了冬季，如果你依然留恋阳光，那么大可以留在法国南部，这里不像其他地方阴冷潮湿，依然阳光明媚。当然，在这个飘雪的季节，拿起滑雪板前往阿尔卑斯也是不错的选择。

2 办理护照

护照是公民在国际间通行所使用的身份证和国籍证明，也是一国政府为其公民提供外交保护的重要依据。为此，居民出国旅游，需要申请办理护照。

护照办理要根据规定，申请人到户口所在地县级以上的（县）公安局出入境管理部门办理，不能委托他人代办。

现国内有 43 个城市可异地办理护照（具体请见右页辅栏），在这些城市就业的非本市户籍人员可持户口簿、二代居民身份证、暂（居）住证，以及人力资源和社会保障部门出具的在就业地连续一年以上缴纳社会保险证明，向当地公安机关出入境管理机构申请办理护照。全国各地年满 60 周岁（含）且在暂（居）住地居住 6 个月以上的内地居民，也可以就近提交普通护照申请。

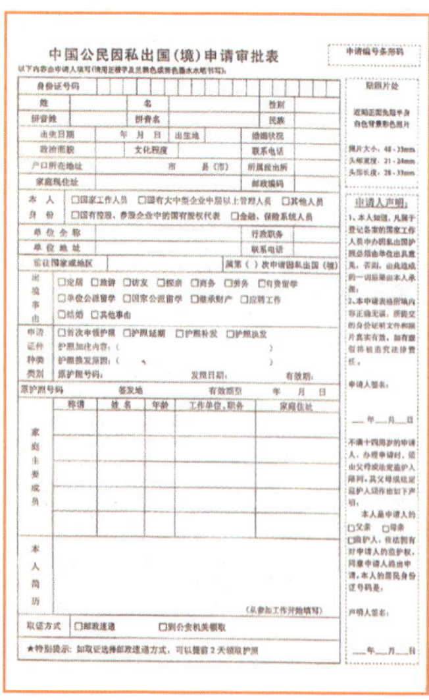
中国公民因私出国（境）申请审批表

申请编号条形码

以下内容由申请人填写（请用正楷字及黑色或蓝色墨水笔书写）。

身份证号码
姓 名 性别
拼音姓 拼音名 民族
出生日期 年 月 日 出生地 婚姻状况
政治面貌 文化程度 联系电话
户口所在地址 市 县（市） 所属派出所
家庭现住址 邮政编码
本人身份 □国家工作人员 □国有大中型企业中层以上管理人员 □其他人员 □国有控股、参股企业中的国有股权代表 □金融、保险系统人员
单位全称 行政职务
单位地址 联系电话
前往国家或地区 属第（ ）次申请因私出国（境）
出境事由 □定居 □旅游 □访友 □探亲 □商务 □劳务 □自费留学 □单位公派留学 □国家公派留学 □继承财产 □应聘工作 □结婚 □其他事由
申请证件种类类别 □首次申领护照 □护照延期 □护照补发 □护照换发
护照加注内容：（ ）
护照换发原因：（ ）
原护照号码： 发照日期： 有效期：
原护照号码 签发地 有效期至 年 月 日
家庭主要成员：称谓 姓名 年龄 工作单位、职务 家庭住址
本人简历 （从参加工作开始填写）
取证方式 □邮政速递 □到公安机关领取
★特别提示：如取证选择邮政速递方式，可以提前2天领取护照

贴照片处
近期正面免冠半身白色背景彩色照片
照片大小：48×33mm
头部宽度：21-24mm
头部长度：28-33mm

申请人声明：
1、本人知道，凡属于登记备案的国家工作人员申办因私出国护照必须由单位出具意见，否则，由此造成的一切后果由本人承担。
2、本申请表格所填内容正确无误，所提交的身份证明文件和照片真实有效，如有虚假将被追究法律责任。
申请人签名：
___年___月___日
不满十四周岁的申请人，办理申请时，须由父母或法定监护人陪同，其父母或法定监护人须作出如下声明：
本人是申请人的 □父亲 □母亲 □监护人，依法拥有对申请人的监护权，同意申请人提出申请，本人的居民身份证号码是：
声明人签名：
___年___月___日

中国公民出国（境）证照申办流程图

Step 1
携带本人身份证或者户口簿前往户口所在地县级以上的公安局出入境管理部门办理。

Step 2
首先领取《中国公民因私出国（境）申请审批表》（以下简称“申请表”）。

Step 3
填写申请表，离退休的老年人填写工作单位时可填写原工作单位，如遇到问题，可询问工作人员，对方会告知应如何填写。

Step 4
提交申请。提交申请时必须携带相关材料：

（1）本人身份证、户口簿原件和户口簿首页、本人资料页、变更页及身份证的复印件。

（2）填写完整的申请表原件。

（3）符合要求的彩色照片一张。

Step 5

县(市)公安局出入境管理部门受理

Step 6

市公安局出入境管理支队审批

Step 7

省公安厅出入境管理局制证

Step 8

现场领取护照。审批、制作和签发护照的时间是14个工作日左右。领取护照时，须携带本人身份证或者户口簿，领取护照回执并缴纳200元工本费。

邮寄护照。部分地区为先缴纳工本费及邮寄费，护照办好会直接邮寄到申请人家中，老年人记得写清详细家庭地址，方便收件。

可异地办理护照的城市

据有关部门规定，全国有43个城市可以异地办理，外地人员可以直接在当地办理护照，这些城市是：

北京、天津、石家庄、太原、呼和浩特、沈阳、大连、长春、哈尔滨、上海、南京、杭州、宁波、合肥、福州、厦门、南昌、济南、青岛、郑州、武汉、长沙、广州、深圳、南宁、海口、重庆、成都、贵阳、昆明、西安、无锡、常州、苏州、温州、嘉兴、舟山、泉州、株洲、湘潭、珠海、东莞、佛山。

中国护照图解

护照虽然只是一种证件，但是证件中的每一项内容都有着不一样的含义。

护照持有者照片

证件类型，D代表外交护照，S代表公务护照，P代表因公普通护照，G代表普通护照

护照编码，E字母开头

持证者姓名，上方中文，下方英文

护照持有者照片水印

护照的有效期限，新版护照有效期为十年

护照代码，共44个字符，涵盖该张护照的相应信息

3 规划行程

Step 1

决定出发时间

在决定前去法国旅游之后，就可以进一步地安排具体的出行时间了，老年人可先与家人商量，选择日期最好避开旅游高峰期，也应避开寒冬、热夏之类的极端时节。

Step 2

决定游玩多少天

通过制订行程来规划好前往法国大概要玩上几天，一般出国旅行的时间一周到两周为宜，老年人因为身体状况的缘故，不宜长时间地舟车劳顿，所以在安排行程时，要懂得有所选择。

Step 3

决定必到城市

法国国土面积相比中国不算大，但也算较为辽阔，时间较紧的游客可根据个人喜好，提前决定好必去哪个城市，例如巴黎、里昂、马赛等，规划好相应的线路才能事半功倍。

Step 4

决定旅游线路

旅行线路是旅游过程中的脉络，使整个行程紧凑连贯，制订好一个完善的旅行线路会对这次旅游带来很多益处，这就需要老年朋友们在出发之前做好充足的准备，可多看一些旅游攻略、游记等内容，为自己的旅行打下良好的基础。

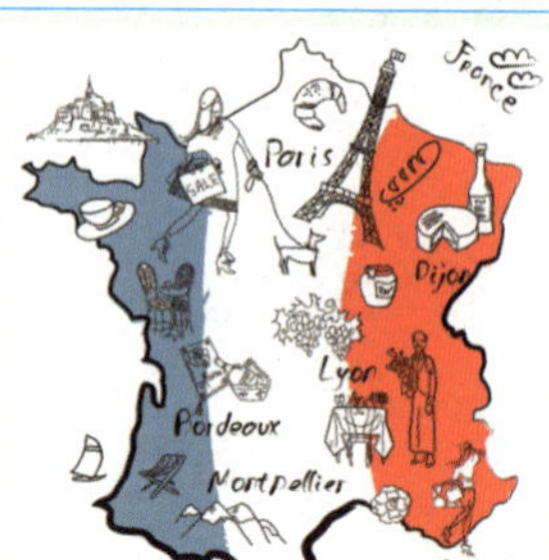

4 办理签证

签证（visa），是一个国家的主权机关在本国或外国公民所持的护照或其他旅行证件上签注、盖印，以表示允许其出入本国国境或者经过国境的手续，也可以说是颁发给他们的一项签注式的证明。

法国属于申根国家，持有任何一个申根国家签发的护照都可以入境法国。根据法国大使馆的规定，签证处不负责接受签证申请，所有签证申请通过中智法签签证服务中心递交。

办理法国签证流程

Step 1

登陆 https://cn.tlscontact.com/cnBJS2fr 在线注册

Step 2

在线预约并打印预约通知单

Step 3

准备签证申请材料

（1）两张相同的白底彩色近照（近 6 个月内拍摄；尺寸为 3.5 厘米 x 4.5 厘米的；正面免冠）

（2）短期申根签证申请表原件

（3）从中国出发和返回的飞机票订单

（4）退休证或退休证明

（5）本人所在户口本上全体成员户口页的复印件

（6）银行活期存折或活期银行卡（信用卡除外）最近三个月的进出账单

（7）行程单（英文或法文）

（8）医疗保险

（9）护照

Step 4

来中智签证法国受理中心递交材料

需要本人带好预约单及申请材料在约定的时间前往中智签证法国受理中心交您的签证申请。

Step 5

交纳签证费及签证服务费

可以以现金或刷卡（仅限中国银联）的方式支付签证费及签证服务费，申根国家短期签证 60 欧元。

Step 6

生物信息采集

电子扫描器采集十指指纹。

Step 7

领取护照

根据短信通知前往签证法国受理中心领取。领取护照时请携带您的身份证原件，复印件及申请表校对单。

如由他人代领，需要提供申请者的身份证复印件、申请表校对单和委托书，以及代领人的身份证原件和复印件。

注意事项

1. 所有材料都必须翻译成法文或英文；
2. 所有复印件都必须使用 A4 复印纸；
3. 签证申请是否批准，完全由法国使馆决定。

预约签证的地址和对应区域

名称	地址	受理省份及地区	电话
中智法签北京领事区	北京市朝阳区东大桥路 9 号侨福芳草地大厦 C 座 3 层 05 单元	北京、天津、河北、河南、内蒙古、山东、山西、陕西、宁夏、甘肃、青海、新疆、西藏	400-625-0000
中智法签上海领事区	上海市闸北区恒丰路 329 号隆宇国际商务广场 8 层	上海、江苏、浙江、安徽	
中智法签成都领事区	成都市锦江区总府路 2 号时代广场 A 座 2810 室	四川、重庆、云南、贵州	
中智法签武汉领事区	武汉市江汉区建设大道 566 号新世界国贸大厦二座，808 室	湖北、湖南、江西	
中智法签广州领事区	广州市越秀区东风东路 765-769 号东宝大厦 2 层	广东、广西、福建、海南	
中智法签沈阳领事区	沈阳市沈河区北站路 115 号希尔斯联邦大厦 905 室	辽宁、黑龙江、吉林	

5 旅行保险

旅行保险，是针对出国旅行途中可能发生的各种意外（除疾病、外科手术、自杀、战事变乱、职业性运动竞赛与故意行为外）所导致的一切意外死伤事故所做的保障，一般皆可获得保险公司理赔。其特点是保障旅游安全，责任全面，保障高。

游客出门在外，容易遇到各种突发状况，上个保险等于系上一条保险带，所以同样建议老年人在出境旅游之前买好旅行保险，为旅行途中保驾护航。一般旅行保险办理较为方便快捷，价格根据保险期的不同而有所不同，一般在 100-1000 元左右。如不了解办理保险的相关事宜，老年人可由家人帮助办理。

名称	网址	电话
美亚保险	www.aigdirect.com.cn	400-820-8858
新一站保险网	www.xyz.cn	400-667-5599
中国平安保险	baoxian.pingan.com	95511

6 预订机票

前往法国需要乘坐飞机到达，国内开通飞往法国航班的航空公司包括中国国航、东方航空、法国航空等多家航空公司。飞行时间与机票价格依不同航班和班次不等，具体可在网上查询。

Step 1

决定出发时间

买机票之前，首先要确定好出发时间，然后选择日期，提前订票。如果回程时间也能确定便可将回程机票一起预订好。

Step 2

找票价比

不同的购票渠道，机票价格差异很大，可以到旅行社、订票网站、代售点等获得相应的票价信息，与时间、是否转机等信息做对比，找出一个既划算又合适的航班，购买机票，如果老年人不能熟悉操作，可通过家人的帮助购买机票。但在购买时也要注意不要贪图过于便宜的机票，这种机票大部分半夜起飞，飞行时间长，需要转机，由于老年人的身体不适于这样的劳顿，所以在选择廉价机票时一定要考虑周全。

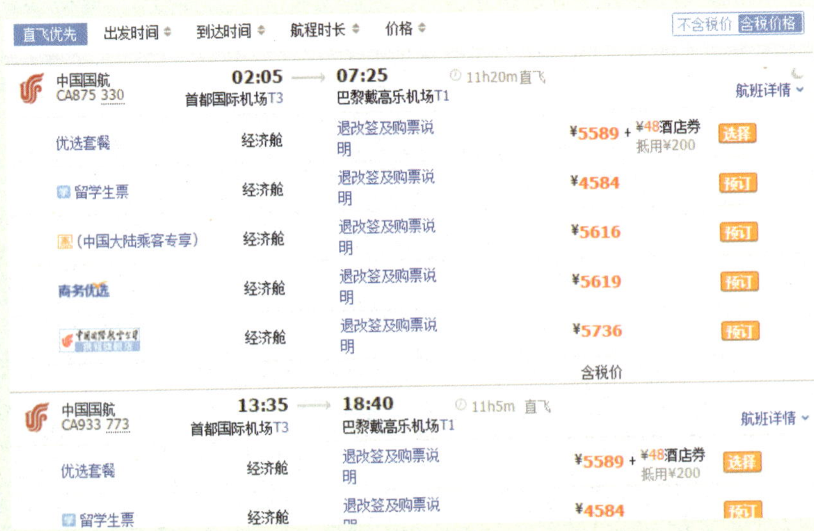

直飞优先 出发时间 到达时间 航程时长 价格 不含税价 含税价格

中国国航 CA875 330	02:05 首都国际机场T3	07:25 巴黎戴高乐机场T1	11h20m直飞	航班详情
优选套餐	经济舱	退改签及购票说明	¥5589 + ¥48酒店劵 抵用¥200	选择
留学生票	经济舱	退改签及购票说明	¥4584	预订
(中国大陆乘客专享)	经济舱	退改签及购票说明	¥5616	预订
商务优选	经济舱	退改签及购票说明	¥5619	预订
中国国际航空公司	经济舱	退改签及购票说明	¥5736	预订
			含税价	
中国国航 CA933 773	13:35 首都国际机场T3	18:40 巴黎戴高乐机场T1	11h5m 直飞	航班详情
优选套餐	经济舱	退改签及购票说明	¥5589 + ¥48酒店劵 抵用¥200	选择
留学生票	经济舱	退改签及购票说	¥4584	预订

Step 3

预订机票

机场购票

机场订票是较为原始的方式，可直接到机场的各航空公司的值机台购买，但现场购票一般没有什么大的折扣，更多的是全价票，在节假日高峰期时也容易买不到票。除了机场购票外，还可以去各大机票代售点购票，另外各航空公司的营业厅也可以直接买到机票。

电话订票

电话订票方式较为简单，可直接打电话给航空公司客服，咨询航班情况，而后选择航班，告知个人信息，主要为姓名和身份证号，订票成功后，会有专门人员免费送票上门，票到付款。

航空公司	官方网址	订票电话
中国国际航空公司	www.airchina.com.cn	95583
中国南方航空公司	www.csair.com	95539
中国东方航空	www.ceair.com	95530
法国航空公司	www.americanairlines.cn	400 880 8808

网站订票

网上订票是目前较为省钱便捷的购票渠道，首先，游客可以在各大航空公司的官方网站直接订票（网址可参考上方表格），一般提前预定都有折扣（各家航空公司不同），这种网上订票方式最为安全稳妥。其他订票网站可以选择携程网、天巡网等，此类网站折扣较多，下单后直接用支付宝付款，之后会收到短信确认预订信息。老年人如果不能熟练操作网上购票的流程，可在家人的帮助下完成购票。

Step 4

获取机票

购票后拿到机票或相应的电子客票，电子客票属于购买机票的一种凭证，带着电子客票到机场办理登记就可以拿到登机牌。

Step 5

准备出发

在出发前两天要将相应的行李打包好，出发前一天应该检查一遍是否有遗漏，尤其是相关证件、数码产品、充电器等。出发前一晚，老年人应早些休息，保持充足良好的睡眠，以保证第二天出发时充沛的体力。

7 预订酒店

住宿订房要考虑交通便捷性、房间舒适度和价格几个因素。按照行程确定要去的地方并了解交通概况之后，就可以寻找交通相对方便的住宿地点。如果不想通过旅行社代为订房，也可以自己动手预订。网上有不少联合订房网站，提供各种等级的住宿选择，有些网站甚至还有中文界面，同时还可以计算币值，操作简单，能马上得知价格和预定结果，相当方便。法国订房网站可参考下表：

中文名称	网址	文字	特色
Booking.com	www.booking.com	简体中文	旅馆信息最清楚
Hotels.com	zh.hotels.com	繁体中文	可通过电话预订
Hotel Club	www.hotelclub.com	英文	使用界面最简单
LateRooms	www.laterooms.com	繁体中文	旅馆类型最全，顾客评价最多
携程	www. ctrip.com	简体中文	旅馆信息较全、中文网站

银发族温馨贴士

为保证每天6至8小时睡眠，住宿条件不求豪华，但求舒适安静，选2至4人间，与陪同人或旅伴在一个房间，便于照顾。不要图省钱住潮湿、阴暗、拥挤的房间，以免影响睡眠，体力不支，或诱发疾病。每晚睡前最好用热水泡脚，睡时将小腿和脚稍垫高，以防下肢水肿。

8 准备行李

银发族出行准备物品时要根据旅行时间的长短、相应的季节来准备行李，对于老年人来说，行李不必过多，足够的换洗衣服、相关证件、手机相机、洗漱用品等，行李要全面但不要太冗杂，在整理过程中，一定要懂得择取，过多的行李也会成为旅行中的负担。

必备药品

旅行中常常会有想象不到的意外发生，尤其是对于老年人来说，有一个简易的旅行医药包，可以为我们在异国旅行中提供很多帮助。

常见病症	症状	应急药品	疗效
感冒	发烧、流涕、头痛、咽痛	仁和可立克	解热镇痛
消化不良	恶心、呕吐、胃烧灼感	乳酸菌素片	促进消化
晕车	头晕恶心、出冷汗	飞赛乐	缓解晕车
上火	咽喉肿痛、牙痛、大便不通	黄连解毒丸	清热解毒

准备了以上药品，还要准备一些创可贴、清凉油、眼药水、活络油、黄连素片等。另外，老年要根据自己特殊健康状况带上常用药品，如有心脏病、高血压、哮喘病的一定要带上对症的药。建议准备两份，防止丢失。

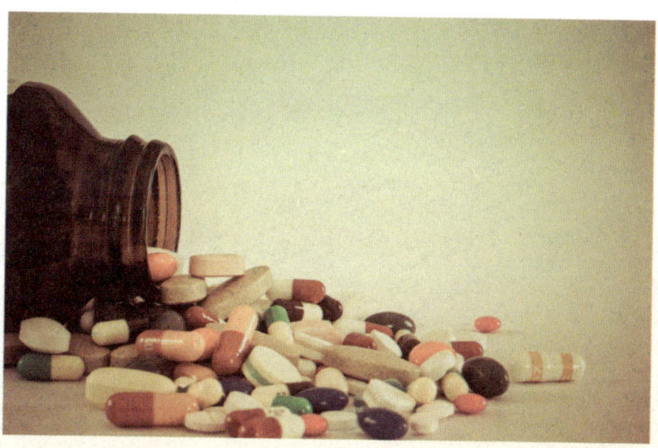

银发族温馨贴士

1. 在境外旅游时，避免突然发病时，在就医过程中因为语言不通耽误治疗，可以提前准备好自己的简易病历卡，中法文标注出来，在就医时如果无法表达自己的既往病史，即可拿出卡片交给主治医生，解决语言不通的问题。

2. 携带大量药品入境是被拒绝的，老年人记得出国旅行不要带过多的药品。另外老年人带药时需要记得不要携带含有古柯碱（可卡因）成分的药品入境；另外，不要携带有动物成分的中药，如虎骨酒、熊胆粉、燕窝、牛黄解毒丸等。一些处方药，需要携带医生开出的证明。

必备行李

老年人出门旅游，出发前一定要准备好相应行李，如证件、护照、充电器等很多物品都必不可少。出发之前，老年人可以参照下表列出的相应内容准备行李，准备好一件即在物品名称前打钩，以防有所遗漏。

□身份证	□手机	□休闲裤
□护照	□备用电池	□运动鞋
□签证	□充电器	□睡衣
□机票	□相机	□换洗内衣裤
□车票	□存储卡	□贴身腰包
□酒店预订确认函	□转换插座	□遮阳帽
□钱（本 / 外币）	□手电筒	□太阳镜
□地址电话通信册	□ ipad 行程表	□备换鞋
□地图、旅游书籍	□纸和笔	□纸巾 / 湿巾
□密封性好的热水杯	□针线包	□雨伞、雨衣
□洗漱用品（毛巾、牙刷、牙膏、梳子、剃须刀、洗面奶、洗发水、护发素、指甲刀）		

银发族温馨贴士

以上行李用品，除必用物品之外，不必携带过多，以便减轻行李重量。抵达法国后，一些基础的用品如果没带或者是用光了，可在当地唐人街购买，非常方便。

9 搭乘飞机

登机程序

在登机之前要办理登记手续、托运行李、排队安检等相关事宜，老年人在登机当天应提前抵达机场，准备好充裕的时间办理登机程序。

Step 1

飞机起飞前两小时

①离起飞时间提前两小时左右，持身份证和机票到达机场（航空公司规定航班起飞前 30 分钟停止办理登机手续）。

②寻找航站楼与柜台，抵达正确的机场航站楼后，带着行李，按标志寻找自己的航空公司柜台。

Step 2

飞机起飞前 1.5 小时

①办理登机手续（也就是换登机牌）。到达机场寻找出发大厅（国内还是国外），找到相应柜台，将机票、身份证交给航空公司柜台值机人员。

②托运行李。如果带有大件行李，就在这里托运，经济舱 20 千克以内的行李是免费的。

Step 3

飞机起飞前 1 小时

①过安检。到安检通道，将机票的旅客联、登机牌、身份证交给安检员，安检员审核后会在登机牌上盖章。然后把随身金属物品如手机、钱包等放到篮子中安检，随身带的物品要从安检门旁的 X 光安检机过去，旅客要从安检门通过，接受工作人员检查。安检没问题就进候机厅。

②候机。通过安检后，看看你的登机牌，上面会标明你的航班在哪个登机口登机，找到与登机口对应的候机厅，几号登机口就在几号候机厅候机。每个候机厅的位置，机场都会有显示屏显示，不清楚可以问机场服务人员。

Step 4

飞机起飞前 30 分钟

①登机。在起飞前 10 分钟可在登机口排队，在登机口由服务人员撕登机牌之后登机。

②找机上位置。登机牌上标明有你的位置，飞机上的座位号标在放行李的舱壁（座位上方）。找到你的位置坐下，扣上安全带，起飞前关掉手机及移动电子设备。

银发族温馨贴士

出境游不可避免的是长途飞行,而注重旅游中航班的情况就显得非常重要。一些出境游为了降低成本,常常选择非常规时间,需多次转乘的航班才能到达目的地,这对于老年朋友们的影响尤其严重,因此在选择航班时,应尽量选择直飞航班,长途飞行中也应该多走动几次以促进足部及腿部的血液循环。

下飞机入境检查

外国人搭机抵法国国境，必须在最先着陆的机场办理入境手续，亦即在机场接受移民官及海关人员的检验。前者检查旅客来法资格，亦即是否可以入境；后者查验旅客的行李是否应课关税，或有违禁物品应予没收。

Step 1

旅客被引导到入境审查处后，按照入境签证的不同，排队等候检查。持非欧盟国家签证者应排在 Etranger（外国人）的队伍，持移民签证或绿卡者在 citizens / residents（居民）的行列。

Step 2

轮到你受检时，将护照、来回机票或电子机票一并交给检察官查验。移民官会核对“黑名单”，看看游客是否在榜上。

Step 3

按照惯例，移民局官员会问你一些问题，这些问题最主要的是确定你来法国之后的住所地、来法国的目的，及携带多少钱等。不必紧张，从容回答即可。移民局官员问完问题，会盖章注明入境日期，签字注明签证身份及再次合法入境的期限。

领行李、缴交报关单及验关

办理好入境手续之后，前往行李处领取行李，过程中有任何问题，老年人可以找机场工作人员帮助解决，领行李后即可进行验关、检查行李等事宜。

①

根据走道上的指示走到领行李处，依电脑屏幕或告示找到自己班次的行李招领台，从转盘上取下自己的行李，小心核对行李号码。若找不到行李持登机证上的行李注册存根向航空公司查询，若丢失须填写报失单，并记下机场服务人员的姓名及电话，以备日后询问。

②

排队验关时不要左顾右盼，犹豫不决，更不可看另一行通关迅速而临时换行，以免被认为“行迹”可疑而遭受仔细盘查。面带笑容，态度诚恳，有问必答，但不要多话。

③

检查行李时要递上证件，如海关要求开箱检查，应立刻打开受检，验关人员示意通过，立刻提出行李离开。

④

随时注意自己的行李证件，不可离身，以防被人乘机盗取。

老年游法国 4条 经典线路

1 巴黎风情四日游

没有哪座城市比巴黎更有资格代表法国了，这座充满文艺气息的城市名胜古迹众多，还有一批举世闻名的博物馆、美术馆等展览场所，巴黎也是来到法国旅游的游客第一站的首选。

线路概况

埃菲尔铁塔
第1天 巴黎荣军院
卢浮宫
第2天 凯旋门 香榭丽舍大街
奥赛博物馆
第3天 蓬皮杜艺术中心
凡尔赛宫（第4天）

D1 上午乘坐 42 路公交车至 Tour Eiffel 站下车，游览巴黎地标——埃菲尔铁塔。在塞纳河畔细细品味巴黎风情。之后乘坐地铁 8 线至 Invalides 站下车，参观巴黎荣军院，这里是法国国家纪念遗迹圣地，也是拿破仑的陵寝所在地。

D2 乘坐 RER A 线至 Charles-de Gaulle-Etoile 站下车，参观卢浮宫，它是全球三大博物馆之一，展品丰富精美。下午游览凯旋门，它是为了纪念拿破仑在奥斯特里茨的战争胜利而建，傍晚可观光香榭丽舍大街。

D3 可乘坐 RER C 线至 Musée d'Orsay 站下车，游览奥赛博物馆，这里的镇馆之宝是梵·高的《自画像》和莫奈的《睡莲》。下午可以乘坐地铁 11 线至 Rambuteau 站下车，参观蓬皮杜艺术中心。

D4 乘坐 RER C 线至 Versailles - Rive Droite 站下车，参观凡尔赛宫，这里原是路易十三的狩猎行宫，经路易十四下令扩建后发展为法国皇宫，是世界五大宫之一。

2 普罗旺斯七日游

阳光充沛的法国南部是游客最为喜爱的地方之一，风景如画的普罗旺斯更是南部风情的绝佳代表，这里有古城遗迹，有浪漫的薰衣草花田以及绝美的海岸沙滩，游客在那里一定会玩得十分尽兴。

D1 游玩阿维尼翁，它是法国东南部最重要的城市之一，城内保存有很多宗教建筑，其中最壮观的莫过于庞大的中世纪要塞兼教皇住所——教皇宫。

D2 从阿维尼翁出发，可以随团参观塞南克修道院。这里被称为“全法国最美丽的山谷”之一，修道院前深海般的薰衣草花田摄人心魄，许多明信片上的漂亮图片都取景于此。

D3 来到马赛，搭乘地铁 1 号线至 Vieux Port 出口，下车步行前往帕尼耶老城，这里处处交织着历史的印记，也被称为“马赛的蒙马特”，游客在此可以参观游览老救济院中心以及马赛主教座堂等景点。

D4 乘坐地铁 1 号线至 Vieux Port 出口站下车，游览马赛旧港，这里是马赛的起源地，也是整个马赛地区的重心和精华所在。旧港周围有许多著名的古迹，包括路易十四时代建造的圣约翰城堡和圣尼古拉城堡。

D5 从马赛搭乘火车来到蓝色海岸的魅力城市尼斯，从火车站出来向南步行约十分钟到达天使湾，这里紧邻英国人林荫大道，因海湾形似天使的翅膀而得

线路概况

阿维尼翁：阿维尼翁古城

第1~2天 ↓ 塞南克修道院

马赛：帕尼耶老城

第3~4天 ↓ 旧港

尼斯：天使湾

第5~6天 ↓ 埃兹小镇

戛纳：影节宫

第7天 十字大道

名。天使湾的海水湛蓝如镜，是消夏的好地方。

D6 从尼斯搭乘 112 号巴士（开往 Beausoleil 方向）在 Eze Village 站下车，游览埃兹小镇。这是一座美丽的中世纪古镇，一砖一瓦都散发出浓浓的历史感和古典的地中海风情。镇子上的建筑都建在陡峭岩壁上，很像老鹰筑巢的方式，因此又称“鹰巢村”。

D7 来到法国著名的小镇戛纳，这座法国南部的小城镇因为每年举办的同名电影节而声名鹊起，小镇本身的风景却也担得起如此盛名。首先可以前往参观影节宫，这里是戛纳电影节的举办地，备受瞩目的金棕榈奖即在此颁布，影节宫前的步行道上有世界各地著名影星和导演留下的手印。之后可以步行前往游览十字大道，它是戛纳最主要的干道，道路两旁星级酒店、餐馆、奢侈品店林立，沿途风景优美，这里也是戛纳本地人最喜爱的地方。

线路概况

巴黎：埃菲尔铁塔

第1~4天
- 巴黎荣军院
- 凯旋门
- 协和广场
- 卢浮宫
- 巴黎歌剧院
- 蓬皮杜艺术中心
- 枫丹白露宫

里昂：富维耶圣母教堂

第5~7天
- 古罗马大剧场
- 圣让首席大教堂
- 白莱果广场
- 里昂人壁画
- 里昂美术馆

波尔多：水镜广场

第8~10天
- 皮埃尔桥
- 圣安德列大教堂
- 市立美术馆
- 克莱蒙教皇庄园

3 巴黎、里昂、波尔多 10 日游

这条线路从法国首都巴黎开始游览，领略过巴黎的时尚浪漫以后前往法国东南繁华的大都市里昂，感受那里古典与现代化并存的非凡魅力。最后前往美酒之城波尔多，感受那里历史悠久的葡萄酒文化。

D1 上午乘坐 42 路公交车游览巴黎埃菲尔铁塔，之后乘坐地铁 8 线至 Invalides 站下车，参观巴黎荣军院，时间够的话还可以前往奥赛博物馆参观游览。

D2 乘坐 RER A 线至 Charles-de Gaulle-Etoile 站下车，游览凯旋门，然后步行经过香榭丽舍大街前往协和广场，这里是法国最著名的广场，法国大革命时，国王路易十六就是在这里被送上断头台。参观完协和广场后前往卢浮宫参观游览精美展品。

D3 搭乘地铁 3 线在 Opéra 站下车，参观巴黎歌剧院，这里有着全世界最大的舞台，其富丽堂皇的休息大厅堪与凡尔赛宫大镜廊相媲美。参观完之后前往蓬皮杜艺术中心，顺带可以游览毕加索博物馆。

D4 从里昂车站搭乘往 Montereau 方向的郊区火车至 Fontainebleau-Avon 站后转搭 A 线公车至 Château 城堡站下车，参观枫丹白露宫，它是法国最大的王宫之一，从 12 世纪起被用作国王狩猎的行宫，这里气氛幽静，令人心情愉悦。

D5 来到里昂，从里昂旧城的 Vienx Lyon 缆车站乘坐缆车至 Fourvière 站下车，参观富维耶圣母教堂，这是里昂的代表性建筑，教堂外观融合了罗马和拜

占庭的风格，内部装饰有精美的马赛克镶嵌画和壁画。下午前往参观古罗马大剧场，它是法国最古老的剧场之一，有一大一小两个半圆形剧场，至今仍然保存完好。

D6 乘坐地铁 D 线在 Saint-Jean 下车，参观圣让首席大教堂，来到大教堂一定不能错过教堂北侧耳堂的天文钟，该钟会在每天 12:00、14:00、15:00 和 16:00 准时响起，届时还可以看到钟内的小人们奉上的精彩表演。

之后前往位于里昂市中心的白莱果广场游览，广场地面全部是由红土铺成，色彩大胆艳丽，让人印象深刻。

D7 搭乘地铁 A 线在 Hôtel de Ville - Louis Pradel 站下，参观里昂人壁画，这幅面积达 800 平方米的 3D 立体壁画描绘了 20 多位世界著名的里昂“老乡”，妙趣横生。

而后前往参观里昂美术馆，它是法国最重要的美术馆之一，馆内收集、展出了从古至今众多的精品雕像和绘画作品，其中不乏鲁本斯、莫奈、毕加索等名家之作。

D8 来到波尔多，搭乘 C 路有轨电车在 Place de la Bourse 站下车前往水镜广场，这里是电影《将爱》的拍摄景点之一。参观完水镜广场可以沿加龙河步行前往皮埃尔桥参观，皮埃尔桥是拿破仑一世下令设计修建的加伦河上的第一座桥梁建筑，如今已经成为了波尔多的标志。

D9 乘坐无轨电车 3、5、8、9、10 路在 Kunsthaus 站下车可到达圣安德列大教堂。该教堂是联合国教科文组织认定的世界文化遗产，其最古老的部分建筑可以追到 11 世纪。参观完教堂后，乘坐有轨电车 B 线前往波尔多市立美术馆。

D10 地处波尔多贝萨克（Pessac）近郊的克莱蒙教皇庄园是整个波尔多所有庄园中历史最悠久的名庄，这个葡萄园与教会有着千丝万缕的联系。游客接收到参观邀请后可以从波尔多市区乘出租车前往。

4 科西嘉岛四日游

科西嘉岛是法国第一大岛，岛上地形多变，景色优美。在科西嘉岛，无论是自然爱好者、历史文化迷或是徒步旅行者都能享受其间。游客可以在岛上领略独特的海湾风情，去拿破仑故居追寻英雄的足迹，还可以在斯坎多拉自然保护区饱览最自然原始的风光。

D1 到达阿雅克肖市内可步行前往拿破仑故居参观。拿破仑故居位于一座宏伟的建筑里，这里保存了拿破仑及其兄弟姐妹的纪念品，包括装有拿破仑一绺头发的玻璃奖章。参观完后可以前往附近的费什博物馆参观，这里拥有法国卢浮宫外最大规模的意大利绘画收藏。

D2 从阿雅克肖乘坐火车前往卡尔维，参观卡尔维城堡。该城堡最初由热那亚统治者建立，它见证了几个世纪以来外界的多次侵袭，古城堡坚固雄伟，傲立海角之上。下午可以在波尔托湾乘坐渡轮前往斯坎多拉自然保护区游览自然美景。

D3 租车前往科西嘉角，沿着伸向地中海的突出海角公路饱览海景，然后前往巴斯蒂亚，游览巴斯蒂亚城堡。这座琥珀色的雄伟建筑原是热那亚人修建的防守要塞，其中总督宫和气势恢宏的圣玛丽教堂是最值得驻足参观的历史建筑。

D4 从巴斯蒂亚乘坐汽车前往韦基奥港。这里被誉为科西嘉的圣特罗佩，随处可见的小巷、精致餐馆以及精品设计小店，让这里成为人们最喜爱的地方之一。在韦基奥港游完之后可以继续向南，来到博尼法乔。这里被誉为法国的天涯海角，有着国王阿拉贡阶梯、拉韦西群岛等游玩的景点。

线路概况

阿雅克肖市：拿破仑故居

第1天 → 费什博物馆

卡尔维城堡

第2天 → 斯坎多拉自然保护区

科西嘉角

第3天 → 巴斯蒂亚城堡

韦基奥港

第4天 博尼法乔

PART 1

艺术之都 巴黎

印象巴黎

1

充满文艺气息的城市

巴黎以浪漫文艺闻名于世，市中分布着数量众多的博物馆与美术馆。这里有卢浮宫（Musée du Louvre）、罗丹博物馆（Musée Rodin）、奥赛美术馆（Musée d' Orsay）、蓬皮杜国家艺术中心（Centre Pompidou）等。从这些不胜枚举的博物馆中，我们可以见识到巴黎科技和艺术完美结合的特质。

名胜古迹众多的城市

巴黎作为法国的首都，是一座历史悠久的城市。在时尚的巴黎市区内有着许多举世闻名的古代遗迹。这里有巴黎圣母院（Notre-Dame de Paris）、凯旋门（Arc de Triomphe）、先贤祠（Place du Panthéon）。在巴黎市郊还有世界五大宫之一的凡尔赛宫（Chateau de Versailles）、枫丹白露宫（Château de Fontainebleau）等著名宫殿建筑。

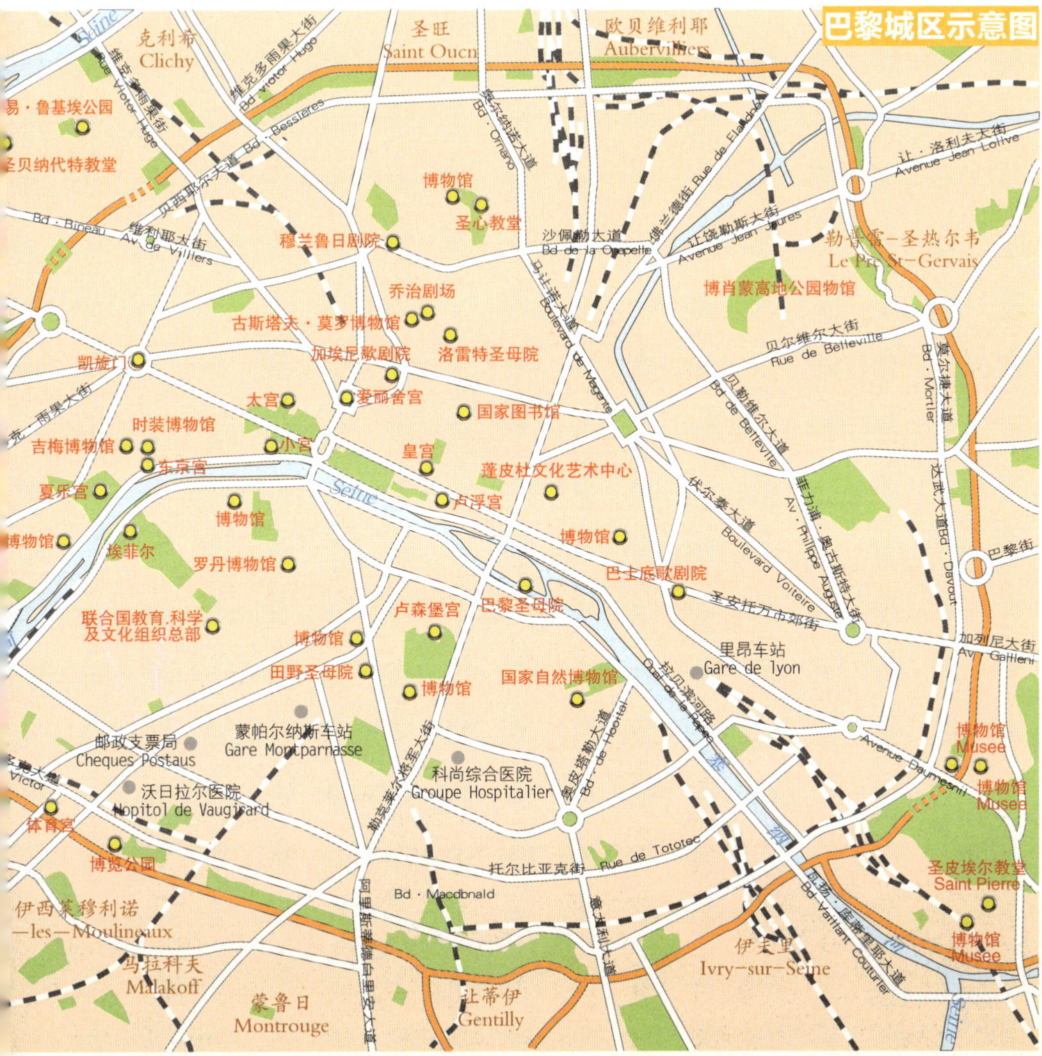

巴黎城区示意图

城市速读

巴黎（Paris），是法国的首都、法国第一大城市，建都已有1400多年的历史。巴黎是法国的政治、经济、文化、商业中心。浪漫的巴黎居民为这座梦想之城带来了缤纷的活力，形成了独一无二的印记，使其成为世界著名的时尚与浪漫之都，与日本东京、美国纽约、英国伦敦并列世界四大国际都市。著名诗人里尔克也曾说过，“巴黎是一座无与伦比的城市”。

地理位置

巴黎位于法国北部巴黎盆地的中央，横跨塞纳河两岸，是法国的第75省，属于法兰西岛大区。巴黎市区面积105平方千米，塞纳河蜿蜒穿过城市，形成两座河心岛（西堤岛和圣路易岛）。

城市规模

广义的巴黎即所谓大巴黎地区包括巴黎市和附近的七个省。这片地区被称作“法兰西岛”（ile de France），面积12000多平方千米，人口1100万左右。狭义的巴黎市只包括原巴黎城墙内的20个区，面积105平方千米，人口230万。

节日风俗

作为悠久的文化名都，巴黎几乎一年到头都有着数不清的节日、文化活动、体育赛事和贸易展销会，无论何时前往，游客都能在各种庆典中领略不一样的巴黎风情。

每年的7月14日是法国国庆节。1789年这一天，巴黎人民攻占了象征封建统治的巴士底狱，推翻了君主政权。法国议会通过法令将7月14日定为法国的国庆节。 这一天在香榭丽舍大道会有盛大的阅兵仪式，若想体验一下法国的国庆气氛，要早早去大道两旁占位。夜晚在埃菲尔铁塔还有焰火表演。

法国网球公开赛（French Open），简称“法网”，每年的5月至6月在巴黎的罗兰•加洛斯球场举办，是著名的网球大满贯赛事，也是唯一一个在红土球场上进行的大满贯比赛。届时全球顶尖的网球高手汇聚一堂，为了冠军殊荣拼搏，为观众奉献一场场精彩对决，爱好网球运动的游客可以前往观看。

环法自行车赛是多阶段公路自行车运动赛事，每年于夏季举行，赛期 23 天。比赛结束前总是会穿越巴黎市中心的香榭丽舍大道，并且经过埃菲尔铁塔。如果比赛期间前往巴黎旅游，不要错过车手们冲过终点线的精彩时刻。

每年 9 月的第三个周末是法国遗产日，这一天所有公立博物馆免费开放，私立博物馆减价，平时不对外开放的总统府（爱丽舍宫）、国民议会等重要的国家机构也对外开放。总统与总统夫人还将亲自为第一批早上进入总统府参观的游客担任导游。

文化特色

不像伦敦曾经被大火摧毁，里斯本曾经被地震摧毁，巴黎在自中世纪以来的发展中一直未遭受重大打击，它一面保留了过去的印记，甚至是历史最悠久的某些街道的布局，一面形成了统一的风格，并且实现了现代化的基础设施。这里名胜古迹比比皆是，埃菲尔铁塔、凯旋门、凡尔赛宫、卢浮宫、巴黎圣母院等，是国内外游客流连忘返的地方。

美丽的塞纳河两岸，公园、绿地星罗棋布，座座大桥横跨河上，使河上风光更加妩媚多姿。塞纳河畔圣米歇尔林荫大道有绵延数千米的旧书市场，每天都有不少国内外学者、游客来这里选购心爱的古籍，形成塞纳河畔古老的文化区——拉丁区的一大特色。

巴黎是法国的文化中心，拥有数量众多的剧场、电影院和音乐厅，巴黎歌剧院、法国国家音乐学院和舞蹈学校也设在这里。巴黎活跃的“街头艺术”是其一大特色，城市西北部的泰尔特尔艺术广场是世界闻名的露天画廊，每天都有不少画家在这里即席作画出售。

最佳季节

巴黎四季气候温和，每个季节前往都会看到不同的风情。

对喜欢购物的人来说，1 月和 6 月是巴黎最迷人的季节，服装零售业此时正在进行换季大减价，折扣低到不可想象。

7 月至 8 月，巴黎人忙着外出度假，把城市让给了蜂拥而至的旅游者。此时的夏季音乐节、月光电影节充分体现着巴黎的浪漫气质。

每年 9 月至来年 4 月是巴黎的演出季，巴黎歌剧院几乎每天晚上都有高水准的音乐会和戏剧演出。10~11 月是艺术的旺季，大大小小的美术馆都会推出精彩的主题展览。艺术爱好者如果恰好此时来到巴黎，一定会为如何取舍大伤脑筋。

如果只想安静地品味巴黎，长久地流连在博物馆里，5 月也许是最佳的选择。

银发族出行指南

机场→巴黎

目前，从中国飞往巴黎的班机都在戴高乐国际机场起降。北京、上海、广州等城市都已开通了飞往巴黎的直飞航班，飞行时间大约在 11~13 小时，但直飞航班数量有限，每天基本只有几个班次，不想承受转机之苦的老人最好提前关注航班情况。

戴高乐国际机场 (Aéroport international Charles de Gaulle) 坐落于巴黎东北 25 千米处的鲁瓦西 (Roissy)，是欧洲主要的航空中心，也是法国主要的国际机场，一般国际航班多降落于此。

从戴高乐机场前往巴黎市区的交通方式有很多种，主要有 REP B 快线、巴士、公交车等，具体情况可参考下表：

交通工具	单程价格	特点	所需时间	运行时间	如何购票
REP B 快线	9 欧元	平价、快速	约 40 分钟	5:00~23:00；每 10 至 15 分钟一班	无论轨道快线还是公交巴士，前往巴黎的线路都很密集。可直接使用车站售票机或人工售票窗口购买车票
罗西巴士	10 欧元	平价、直达	45 分钟至 1 小时	5:30~23:00；每 15 分钟一班	
法航巴士	15.5 欧元	前往主要景区	约 60 分钟	6:00~23:00；每 30 分钟一班	
市区公交车	5.10 欧元	最便宜	约 1 小时	各线路不同，时间不同	
出租车(Taxi)	约 50 欧元	舒适、直达	约 40 分钟	24 小时	提示：务必乘坐标志清楚的出租，避免乘坐私营黑车

巴黎市区

公交车：基本由 RATP 经营，按区计价，市区划分为 8 个环，由内到外票价递增。除了单程票之外，还有十次票、日票、周票等各种票价，可按照自己需求选择。市区公交车和地铁共用乘车票券，可在地铁站的售票窗口和自动售票机、书报摊等处购买。

巴黎公共交通优惠票概览	
优惠票种	详情
周票（Navigo）	购卡手续费5欧元（不可退费），1~2区周票19.15欧元，1~3区24.85欧元、1~4区30.25欧元，可在有效区域内无限次搭乘巴士、地铁和RER，省时省心
日票（Mobilis）	1~2环票价6.4欧元、1~3环8.55欧元、1~4环10.55元、1~5环14.20欧元，使用方式周票类似，适合短时间内使用
巴黎观光通票（Paris Vistie）	可以在所有的地铁、公交车、RER上使用，并可以在机场往返路线使用。凭此票还可以享受多个旅游景点门票和塞纳河游船等活动的优惠

地铁：1900年，巴黎就开通了第一条地铁线路，经过1个多世纪的运营，巴黎的地铁网络愈加绵密。巴黎地铁运营的主要范围在2环以内（巴黎所有必看的景点几乎都在2环范围之内），共有14条线路，运营时间从5:30至午夜，末班车发车时间在0:35~1:15之间，周五和周六会延至2:15；公交车运营周一至周六5:30至凌晨0:30。周日和公共假期车次将大幅减少，7:00~20:30运营。

出租车：起步价2.4欧元，运营时间周一至周六10:00~17:00，市区内价格每千米0.96欧元。夜间（17:00至次日10点）、周日7:00至午夜以及前往内城郊区，价格每千米变为1.21欧元。在巴黎想拦一辆出租车十分困难，最好前往出租车站点等候。

银发族 温馨贴士

如果要在巴黎多呆些日子，那么买一张通票是十分必要的。通票会使你在出门乘坐交通工具时得到最便宜、快捷的体验。持有通票可以无限次乘坐地铁、RER和公共汽车。

银发族住宿指南

作为发达的旅游城市，巴黎有着众多的住宿选择，可以满足各种不同的住宿要求。巴黎住宿主要集中在拉丁区以及以歌剧院、老佛爷百货和香榭丽舍大街为中心扩散的地区。

中老年人出行住宿最好选择性价比较高的经济型住宿，条件允许也可以选择下榻高档酒店。

虽然城中住宿地较多，但是由于游客众多，尤其是公共假期期间满房情况也时常发生，因此还是最好提前预订，推荐旅馆预订网站：

1. www.hotels-paris.fr（此网站有中文，可按照区域查找十分方便。因为只有巴黎的酒店，因此对于巴黎的住宿比较专业）

2. www.hqp.fr（主打法国民宿，提供早餐，通常有 3~4 天的最短住宿时间）

克雷恩宾馆 Hôtel Crayon

位于巴黎市中心、交通方便。富有创意的精品酒店，其墙壁和门上的素描是法国艺术家朱莉•哥特龙绘制，堪称艺术品。酒店主题是铅笔，每层楼都有一个主题色，房间的彩色玻璃浴室门也非常可爱，床边桌上放置有书籍可供阅读。价格：189 欧元起。

地址：巴黎 1 区布鲁瓦大道 25 号

交通：乘坐地铁在卢浮—里沃利站下车步行即到

电话：（33-1）42365419

朗洛斯酒店 Hôtel Langlois

如果想感受“美丽时代”时期的巴黎，那么这家朗洛斯酒店不可错过。酒店建于 1870 年，至今仍保留着当年的风韵，小型笼子电梯、砂岩壁炉，还有原始卫生间设备和瓷砖。64 号房间视野很好，可以看到蒙马特地区的建筑屋顶。价格：39 欧元起。

地址：巴黎 9 区圣拉飒路 63 号

交通：乘坐地铁 12 号线 Trinité 地铁站下车即到

联系电话：（33-1）48747824

乔伊斯宾馆 Hôtel Joyce

这家设计型酒店位于蒙马特和歌剧院之间一片可爱的居民区内，所以现代化的设计元素俱全，甚至还有一些环保理念——50% 依靠可再生能源并尽可能地使用有机产品。不在旺季的话还会有很大的折扣。价格：145 欧元起。

地址： 巴黎 9 区荆棘街 29 号

交通： 乘坐地铁在圣乔治站下车步行即到

电话：（33-1）55070001

黄金国度 Hôtel Eldorado

这家波西米亚风格的宾馆是巴黎最值得称道的发现之一：服务周到，经营良好，有 23 间色彩绚丽的客房，体现着浓郁的民族风情，后面还有私家花园可供赏玩。价格：80 欧元起。

地址： 巴黎 17 区达姆斯街 18 号

交通： 乘坐地铁在克利希广场站下车步行即到

电话：（33-1）45223521

银发族养生美食

巴黎的米其林三星餐厅世界闻名，富豪名流在那里一掷千金，还要遵守餐厅订下的种种规矩。普通巴黎人更留恋无拘无束的露天咖啡馆、街角实惠又地道的小餐馆，更热爱一天也离不开的牛角面包、黑咖啡，也许这些更能代表巴黎的美食性格。

巴黎人的桌子上总是摆满了各种美食——开心果马卡龙、奢侈的勃艮第红酒炖牛肉、松软诱人的卡芒贝尔奶酪等，让人大饱口福。

养生菜品

在现代欧洲菜中担任重要角色的法国菜，经常被作为一流餐厅酒店上菜和菜单组合的蓝本。而在法国菜之中，又以法式煎鹅肝最为出名，欧洲人将鹅肝与鱼子酱、松露并列为“世界三大珍馐”。

鹅肝在法文中为 Foie Gras，而煎煮则是 Saute，所以在法国餐厅如果看见开胃菜中有 Foie Gras Saute，那便是法式煎鹅肝了。在品尝煎鹅肝时最适合搭配甜酒煮成的酱汁，或加入无花果干一起煎，鹅肝的香味和无花果的风味合为一，吃起来别有一番滋味。

养生功效

鹅肝有着“世界绿色食品之王”的美誉，它有着动物肝脏典型的营养成分，是补血佳品。鹅肝中维生素 A 的含量丰富，对于保护眼睛，维持视力有着重要的意义。鹅肝中还含有一般肉类食品没有的维生素 C 和微量元素硒，能增强人体的免疫反应，抗氧化，防

衰老，并能抑制肿瘤细胞的产生。其含铁丰富，适量进食可使皮肤红润，有益于皮肤健康。鹅肝中的不饱和脂肪酸具有很高的药用价值。它可增加体内的酶活性，调解钙、磷代谢，降低血液中胆固醇水平，软化血管，预防心血管疾病。

特别提示：高胆固醇血症、肝病、高血压和冠心病患者应少吃。

美食搜街

巴黎最好的风味美食集中在埃菲尔铁塔区、第16区、歌剧院、林荫大道、蒙马特、皮加勒。在这些地方，不必一字一句地研究菜单上的繁复介绍，大胆尝试每一道你闻所未闻的诱人佳肴，每道菜都是一件艺术品。

另外，星形广场和香榭丽舍地区以高档美食著称，法国蜗牛、鹅肝等顶尖美食大都可以在这里吃到，只是价格不菲，且需提前预订。卢浮宫和雷阿勒地区涌现出来的一批新潮餐厅也是值得一去的美食之地，Beef Club的牛排完美至极。此外，在大街小巷随处可见的咖啡馆里，还可以品味牛角包、马卡龙等法国传统风味点心。

银发族行程安排

漫步埃菲尔铁塔区和第16区

埃菲尔铁塔是巴黎的象征，四周是塞纳河两岸的空旷地带，包括了第7区和第16区。富有的巴黎人和一些出色的博物馆都集中在这里。

游览线路推荐：埃菲尔铁塔—夏乐宫—荣军院—罗丹博物馆—奥赛博物馆

直线游览星形广场

十几条大道从星形广场辐射开来，其中一条就是香榭丽舍大道，大道两端连接着协和广场和凯旋门，这里汇聚着著名的时装店、珠宝店和古董店。法国总统府——爱丽舍宫也坐落于此，世界闻名的卢浮宫在线路尽头。

游览线路推荐：凯旋门—香榭丽舍大街—大皇宫—协和广场—卢浮宫

探访玛莱区与巴士底

玛莱区熙攘繁杂，中世纪的街道里挤满了时髦的酒吧和餐馆、设计师的精品店。这里汇集了才华横溢的设计师，他们那些复古时尚的艺术创造，让人目不暇接，连连称奇。

游览线路推荐：蓬皮杜艺术中心—毕加索博物馆—卡纳瓦莱博物馆

城市风貌

探一探

埃菲尔铁塔 The Eiffel Tower

埃菲尔铁塔是 1889 年巴黎世博会的产物，塔身高 300 米，天线高 24 米，总高 324 米。在建成之初，这座造型奇特的金属庞然大物曾经引起包括莫泊桑在内众多法国人的反对。时光流逝，当年的反对之声已经消散在历史的尘嚣中，埃菲尔铁塔现已成为巴黎的绝对地标，其优雅的新艺术风格金属网状设计已成为城市上空最典型的标志，也是整个法国最具代表性的建筑之一。如今埃菲尔铁塔每年接待近千万游客，塔内设有餐馆、酒吧、影院等设施，是休闲娱乐的好地方。此外，登上铁塔，还可俯瞰巴黎全景，是城市中最佳瞭望台。

参考信息

巴黎战神广场

公交车：乘坐 42 路至 Tour Eiffel 站下车。地铁：搭乘地铁 6 线至 BirHakeim 站下，或者搭乘地铁 9 线至 Trocadéro 站下，步行可到达

电梯至二层 8.5 欧元 电梯至顶层 14.5 欧元 楼梯至二层 5 欧元

6 月中旬到 8 月，电梯及阶梯开放时间均为 9:00~00:45；9 月至来年 6 月中旬电梯开放时间为 9:30~23:00，楼梯开放时间为 9:30~18:00

银发族 温馨贴士

埃菲尔铁塔上休息地点有 1 层的 58Tour Efifel、2 层的 Le Jules Verne 以及顶层新开的 Bar à Champagne，感觉疲乏的老人可在上述地点休憩一会儿。

巴黎圣母院 Cathédrale de Notre Dame de Paris

巴黎圣母院坐落于巴黎市中心的西堤岛上，是天主教巴黎总教区的主教座堂。教堂为哥特式风格，游客可以登上塔楼参观，虽然遇不到“钟楼怪人”，但却能看到 17 世纪的大钟、近距离接触教堂外壁上的神兽、俯瞰塞纳河的美丽风光。圣母院门外的圣母院广场中，有法国丈量全国各地里程时所使用的起测点：原点（Point Zéro）纪念物，由此可见圣母院被视为法国文化中心点的象征意义。巴黎圣母院每天接待络绎不绝的游客和朝圣者，在弥撒时间进入教堂，还可以感受一下巴黎的宗教氛围。

参考信息

- 巴黎西提岛圣母院广场 6 号
- (33-1) 42345610
- www.notredamedeparis.fr
- 搭乘地铁 4 线至 Cité 站，下车后向东步行即可抵达
- 教堂免费。钟楼 8.5 欧元
- 教堂：7:45~19:00；钟楼：4 月至 9 月 10:00~18:30（7 月、8 月的周六和周日从 10:00~23:00）；10 月至来年 3 月 10:00~ 17:30，1 月 1 日、5 月 1 日和 12 月 25 日闭馆

银发族 温馨贴士

观赏巴黎圣母院的最好地点是 Jean XXIII 广场。这是大教堂后的一座小花园，在那里可以更好地欣赏大量环绕着圣坛并支撑着墙壁和屋顶的装饰华丽的飞扶壁。

凯旋门 Arc de Triomphe

如果有能与埃菲尔铁塔竞争巴黎地标的建筑，那一定是雄伟的凯旋门。

凯旋门是为了纪念拿破仑在奥斯特里茨的战争胜利而建，以古代罗马的凯旋门为原型，建筑高 50 米，宽 45 米，进深方向 22 米，是世界上首屈一指的纪念性建筑。

凯旋门虽然遵循了古罗马凯旋门的型制，但在立面构成上，取消了壁柱，以巨型雕刻作为立面的主要构成要素。立面上以“起义”“胜利”“抗战”和“和平”为主题的四组巨大雕刻，出自当时三位法国古典

参考信息

- 戴高乐星形广场（Place Charles-de-Gaulle）中央
- (33-1) 55377377
- 乘坐地铁 1、2、6 号线或 RER A 线至 Charles-de Gaulle-Etoile 站下即可到达
- 9.5 欧，11 月到来年 3 月之间的每个月第一个星期天免费
- 4 月至 9 月 10:00~22:30；10 月至来年 3 月 10:00~23:00

浪漫主义雕刻大师之手，具有极大的艺术震撼力。凯旋门的正下方是无名烈士墓，登上凯旋门可以俯瞰十几条大道，远眺协和广场、荣军院和埃菲尔铁塔。

银发族 温馨贴士

凯旋门拱门的每一面上都有一幅巨幅浮雕，内容取材于1792~1815年的法国战争史。面向香榭丽舍大道一面右下侧的《马赛曲》浮雕是其中最著名的一幅，描绘了1792年义勇军出征的情景。

卢浮宫 Musée du Louvre

卢浮宫作为世界三大博物馆之一而享誉全球，其艺术藏品种类之丰富、艺术价值之高令人难以想象，而它本身也是一座建筑瑰宝。卢浮宫始建于1204年，历经800多年扩建、重修达到今天的规模。它曾是塞纳河右岸的一座城堡，后来是法国王室的宫殿，1793年，卢浮宫正式对外开放成为公共博物馆。

卢浮宫占地面积约为45平方千米，全长680米。它的整体建筑呈“U”形，分为新、老两部分。老卢浮宫建于路易十四时期，新卢浮宫建于拿破仑时代。博物馆收藏的艺术品已达40万件，其中包括雕塑、绘画、美术工艺及古代东方、古代埃及和古希腊罗马等7个门类。卢浮宫中“镇馆三宝”是世人皆知的《米洛的维纳斯》《蒙娜丽莎》和《萨莫特拉斯的胜利女神》。美籍华裔设计师贝聿铭设计的金字塔入口如今是卢浮宫的主入口，这一设计使参观路线更加合理化，这一当代建筑设计也与卢浮宫原本的古典风格完美融合，成为卢浮宫的新标志。

参考信息

- 里沃利街及杜伊勒里码头交汇处
- (33-1) 40205317
- 地铁1或7号线至Palais-Royal-musée du Louvre站下可到达。此外乘坐21、24、27、39、48、68、69、72、81、95等路公交车也可到达
- 常设展览11欧元，拿破仑厅内的临时展览12欧元
- 除周二闭馆外，每天开放时间为9:00~18:00，周三和周五晚开放至21:45

银发族 温馨贴士

卢浮宫属热门景点，建议提前在位于rue de Rivoli路99号地下的卡鲁塞勒商业长廊的售票机上购票，或者拨打电话01 41 57 32 28购票，这样无需排队直接进入。

观一观

历史印记

参考信息

- 巴黎西南郊外凡尔赛镇
- (33-1) 30837800
- www.nps.gov/stli
- 从城中区出发，可搭乘地铁1或9线至South Ferry站，再乘渡轮前往自由岛
- 成人17美元、儿童9美元、老人14美元
- 渡轮往返自由岛的时间是8:30~17:00，自由岛随渡轮时间开放及关闭

凡尔赛宫 Château de Versailles

凡尔赛宫位于法国巴黎西南郊外凡尔赛镇。原是路易十三的狩猎行宫，经路易十四下令扩建而发展为法国皇宫，作为法兰西宫廷长达107年（1682~1789）。

凡尔赛宫气势恢宏，奢华富丽，外部是法国古典主义风格，内部以巴洛克装饰辅以洛可可设计。镜厅、战争厅、阿波罗厅、国王寝宫等房间的装饰金碧辉煌，每一处细节都值得驻足细细观赏。

凡尔赛宫的花园是法式花园典范，精美的雕塑、对称的设计、精致的几何图案、长长的运河、人工修剪的花木处处透露着法兰西园林人的精致匠心。从宫殿远眺花园，或是漫步在花园的茵茵草地上，依稀还能感觉到当年的法兰西贵族的生活雅趣。

银发族 温馨贴士

想进入限制外的区域或了解更多凡尔赛宫的历史，可以参加90分钟的导览游（电话01 30 83 77 88，费用16欧元），参观路易十五和路易十六的套房以及王室礼拜堂等。

协和广场 Place de la Concorde

协和广场是法国最著名的广场，始建于 1755 年，最初以国王路易十五的名字命名。广场位于香榭丽舍大道中段，从这里可以环顾许多巴黎美景：香榭丽舍大道、凯旋门、杜乐丽花园、卢浮宫等。在广场中心，耸立着一尊具有 3000 多年历史的埃及方尖碑，高 23 米，碑身上刻满了称颂埃及法老拉美西斯二世光辉业绩的古埃及象形文字，于 1831 年由埃及赠送给法国。广场四角有八座雕像，代表着法国曾经的八大城市。

参考信息

巴黎香榭丽舍大道中段，塞纳河北面

乘坐地铁 1、8、12 号线至 Concorde 站下车可步行到协和广场

免费参观

全天

历史链接

协和广场是巴黎最让人印象深刻的广场。广场最初由路易十五下令建造，其与王室的渊源颇深。在狂飙突进的法国大革命期间，这里曾被称为革命广场，是行刑的场所。1793 年，国王路易十六率先在这里被送上断头台，随后两年内，还有超过 1300 人在这里被处死。恐怖统治时期之后，这里改名为协和广场，意即希望这里成为一片平静和谐之地。

巴黎荣军院 Hotel des Invalides

巴黎荣军院是法兰西"太阳王"路易十四时期的建筑。1670 年路易十四下令兴建一座用来安置军队中伤残军人的建筑，荣军院"应旨而生"。现如今，这座荣军院依旧行使着它初建时收容安置伤残军人的功能。

如今荣军院已经成为法国国家纪念遗迹圣地，这里有拿破仑的陵寝，军人教堂和法兰西军事博物馆。博物馆里展出了 13~17 世纪的古老铠甲和武器，路易十四到拿破仑三世时期和两次世界大战的军事历史。这里还是接待贵宾的重要场所。习近平主席首次出访法国时，奥朗德总统便是在荣军院贵宾庭举办了盛大欢迎仪式。

参考信息

巴黎市中心格勒内勒街 125

乘坐地铁 8 号线至 La Tour Maubourg 或 Invalides 站下，或者乘坐公交 63, 83, 93 路至 Invalides 站下车即到

9 欧元

4 月至 10 月：周一、周三至周日从 10:00~18:00，周二 10:00~21:00，11 月至来年 3 月：10:00~17:00

银发族 温馨贴士

巴黎荣军院内的军事博物馆内有法国规模最大的军事史收藏。金碧辉煌的圆顶教堂是路易十四时代最好的宗教建筑之一，也是美国国会大厦的设计灵感来源。1840 年，拿破仑的遗体被存放于此。

巴黎市政厅 Hôtel de Ville

巴黎市政厅位于巴黎市中心圣母院北部塞纳河畔，这幢大楼曾几度是法国重要的政治活动场所，在中世纪、资产阶级大革命年代和巴黎公社时期，这里曾是重大历史事件的中心地点。1871 年，巴黎公社起义时被市政厅焚之一炬，直至 1882 年才重新修复落成。修复后的外形基本保持文艺复兴时期风格，内部装饰则具有 19 世纪的艺术特征。市政厅大楼装饰精美的建筑正面有 100 多尊法国历代名人雕像。

参考信息

- 巴黎市中心市政厅广场 3 号
- 乘坐地铁 8 号线至 La Tour Maubourg 或 Invalides 站下，或者乘坐公交 63，83，93 路至 Invalides 站下车
- 9 欧元
- 4 月至 10 月周一、周三至周日从 10:00~18:00，周二 10:00~21:00，11 月至来年 3 月 10:00~17:00

先贤祠 Panthéon

先贤祠位于巴黎市中心塞纳河左岸的拉丁区，是永久纪念法国历史名人的圣殿。它原是路易十五时代建成的圣热内维耶瓦教堂，法国政府收归国有后改为埋葬“伟人”的墓地。1814 年到 1830 年间，它又归还教会。先贤祠中的艺术装饰非常美观，其穹顶上的大型壁画是名画家安托万·格罗特创作的。1830 年七月革命之后，绘画的主题改变，先贤祠具有了“纯粹的爱国与民族”特性。先贤祠至今共安葬了 72 位在法国历史上有着卓越贡献的先贤，包括伏尔泰、卢梭、雨果、左拉、居里夫妇等。

参考信息

- 巴黎市中心塞纳河左岸的拉丁区
- 乘坐 RERB 线至 Luxembourg 站或地铁 10 号线至 Cardinal Lemoine 站下均可到达
- 8.5 欧元
- 4 月至 9 月 10:00~18:30；10 月至来年 3 月 10:00~18:00

建筑格调

瞧一瞧

枫丹白露宫 Château de Fontainebleau

枫丹白露宫是法国最大的王宫之一，从 12 世纪起被用作国王狩猎的行宫。这里是法国王室最喜爱的行宫，气氛幽静，令人心情愉悦，窗外的绿荫也让人轻松不已。后花园也很适合悠闲散步。这里不像凡尔赛宫拥挤不堪，却又有同样精致的法国宫廷样貌。在这里处处可以感受到法式宫廷的美丽与精致。这里除了精美华丽的宫殿外，还可以参观拿破仑博物馆，内有拿破仑的战袍、盥洗用具、勋章和帐篷等藏品。枫丹白露宫也是西方博物馆中，收藏和展览圆明园珍宝最多的场馆，宫中的中国馆可以说是圆明园在西方的再现。

参考信息

- 巴黎附近的枫丹白露镇
- (33-1) 60715070
- 从里昂车站(Gare de Lyon)搭乘往 Montereau 方向的郊区火车至 Fontainebleau-Avon 站后转搭 A 线公车至 Château 城堡站下车，往前走 5 分钟到达
- 10 欧元
- 4 月至 9 月 9:30~18:00；10 月至来年 3 月 9:30~17:00。每周二闭馆

银发族 温馨贴士

1860 年英法联军抢掠了圆明园，法军司令将大量中国历代名画、金银首饰、瓷器等敬献给拿破仑三世和欧也妮王后，欧也妮皇后因此特别建立了中国馆。展厅里的珍宝数不胜数，不管大小都精美绝伦。

圣心大教堂 Basilique du Sacré-Coeur

参考信息

巴黎蒙马特高地的制高点上

www.sacre-coeur-montmartre.com

乘地铁2号线至Anvers站下，或乘坐地铁12号线至Abbesses站下车

5欧元

6:00~22:30

法国圣心大教堂位于蒙马特高地（Butte de Montmartre）的制高点上，19世纪屈辱的普法战争结束后，巴黎天主教徒出于悔悟，捐款修建了这个教堂。教堂风格奇特，既像罗马式又像拜占庭式，兼取罗曼建筑的表现手法，颇具东方情调。教堂内有许多浮雕、壁画和镶嵌画很值得欣赏。教堂前的威利特广场花团锦簇，曲径有致，许多人在这里悠闲地晒太阳、喂鸽子。234级螺旋阶梯将你带上教堂圆顶，在这里可以俯瞰整个巴黎。

巴黎歌剧院 Opéra Garnier

参考信息

巴黎市中心思科瑞街和奥伯街交会处

(33-1) 75252423

乘坐地铁3、7、8线在Opéra站下车，或乘RER A线到Auber站下车即到

9欧元

10:00~17:00，白天礼堂内有排练或举办音乐会计划期间禁止参观

银发族 温馨贴士

巴黎歌剧院售票处有耳麦租赁，可选择中文讲解。耳麦是感应式的，进入哪个房间就自动开始播报那个地方的讲解，也没有时间限制，可根据自己的喜好在任何地点停留任意时间，讲解内容也很详细清晰。

巴黎歌剧院是由查尔斯•加尼耶（Charles Garnier）设计，是奥斯曼男爵庞大的城市整修工程的一部分。其建筑将古希腊罗马式柱廊、巴洛克等几种建筑形式完美地结合在一起，规模宏大，精美细致，金碧辉煌，被誉为是一座绘画、大理石和金饰交相辉映的剧院。巴黎歌剧院有着全世界最大的舞台，其富丽堂皇的休息大厅堪与凡尔赛宫大镜廊相媲美，里面装潢豪华，四壁和廊柱布满巴洛克式的雕塑、挂灯、绘画，艺术氛围浓郁，是观众休息、社交的理想场所。

卢森堡公园 Jardin du Luxembourg

卢森堡公园是巴黎的绿肺，也是巴黎最大的花园。它的美景吸引着无数的作家和游人。天气晴朗时，大水池的周围总是聚满了喜欢阳光的游人，而树下则是聊天或复习功课的学生。公园的花园为法式园林设计，和谐的线条和远景加上茂密的树荫，是吸引游人前来的原因。八角形的大水池里，孩子们的电动帆船迎风游弋。小水池最高处的美第奇喷泉建于 1624 年，浮雕和钟乳装饰散发着浓郁的意大利风格。

参考信息

- 巴黎孔德街 2 号
- 乘坐地铁 4 号线、10 号线至 odreon 站或乘坐 RER B 线至 Luxembourg 站下车
- 免费
- 夏季 7:30~21:30；冬季 9:00~17:00

银发族温馨贴士

卢森堡公园是巴黎人最爱去的公园，可以先买几块蛋糕，然后步行到公园里找个荫凉的长椅坐下，一边吃着蛋糕，一边观赏美景，体验悠然自得的休闲乐趣。

亚历山大三世桥 Pont Alexandre III

塞纳河上有很多桥，最华美的一座当属亚历山大三世桥，它连接塞纳河右岸的香榭丽舍大街地区、大皇宫和左岸的荣军院。大桥建成于 1900 年，为了不影响两岸的建筑，桥身建设极为低矮。作为当时法俄友谊的象征，桥以它的奠基人——沙皇尼古拉二世的父亲亚利山大三世的名字命名。

亚历山大三世桥左右两岸的四根 17 米高立柱上有四尊镀金青铜雕像。左岸的立柱代表工业与商业，文艺复习时期和路易十四时期；右岸的立柱象征科学与艺术，当代法国和查理曼时期的法国。在大桥两端入口处的立柱上分别有象征塞纳河与涅瓦河的寓意性装饰物。大桥金碧辉煌，是桥梁艺术中的瑰宝，在桥上可以远眺埃菲尔铁塔及荣军院。

参考信息

- 巴黎第 7 区
- 乘坐 RER C 线至 Invalides 站下车
- 免费
- 全天开放

拉雪兹公墓 Cimetière du Père-Lachaise

拉雪兹公墓由布隆尼阿尔于拿破仑帝国时期设计，是巴黎市区内最大的墓地，也是世界上访客最多的公墓。这里长眠着许多历史名人，包括巴尔扎克、肖邦、王尔德、吉姆•莫里松等，每年吸引数十万来访者。

拉雪兹公墓的名字来源于路易十四的忏悔神父，这里69000座非富即贵人士的华丽的，甚至有炫耀之嫌的墓地，组成了一个占地44平方千米，郁郁葱葱的户外雕塑公园，让人称奇。

参考信息

- 巴黎市区勒波街16号
- (33-1) 55258210
- 乘坐地铁2号线至Philippe Auguste站，或地铁3号线至Père Lachaise站
- 免费
- 周一至周五8:00~18:00，周六8:30开放，周日9:00开放

银发族 温馨贴士

拉雪兹公墓是巴尔扎克、肖邦、王尔德等名人的长眠之地，游客可以找到他们的墓地，凭吊一番。王尔德之墓印满口红的狮身人面像雕塑令人印象深刻。

杜乐丽花园 Tuileries Garden

杜乐丽花园原本是为兴建杜乐丽宫而设计的庭院，于1667年首次对外开放，并在法国大革命后成为公园。杜乐丽花园连接协和广场和卢浮宫，一边依傍塞纳河，花园中立有许多雕像，有露天博物馆之称。

现在的杜乐丽花园是巴黎最令人着迷的地方之一，坐在花园的大池塘边，或在露天咖啡座喝杯咖啡，是感受巴黎式悠闲的最佳体验。在这里你也常会看到野餐的人们和穿越此处前往香榭丽舍大道的游客。挺拔的树木以及五彩缤纷的花朵为杜乐丽花园带来静谧，青铜雕塑作品添加些庄严气氛，整体整齐清爽的景观设计则是典型法国花园的特色。在夏天，这儿还会有常驻的小型游乐场。

参考信息

- 巴黎里沃利街226号
- (33-1) 40209043
- 乘坐地铁1号线至Tuileries站下车后向东步行即可抵达
- 免费

文艺气息

赏一赏

蓬皮杜艺术中心 Centre Pompidou

蓬皮杜艺术文化中心坐落在巴黎拉丁区北侧、塞纳河右岸的博堡大街，是法国已故总统蓬皮杜倡议兴建的一座超现代的艺术中心。1977 年建成，同年 2 月开馆。这座博物馆一反传统的建筑艺术，将钢架、楼梯、管道等一律请出室外，以便腾出空间独供内部使用。

大厦本身就是一件艺术杰作。由钢管和玻璃管构成的庞然大物，外墙布满五颜六色的管线和钢铁支架，使整个建筑物像一个正在建设中的工地，盘踞在巴黎典雅秀美的古建筑群中，显得突兀而怪异。整座建筑共 6 层，分为工业创造中心、大众知识图书馆、现代艺术馆以及音乐和声响研究中心四大部分。其中艺术中心藏有大量现代艺术精品，包括米罗、毕加索、马蒂斯等人的佳作。

参考信息

- 巴黎拉丁区北侧、塞纳河右岸的博堡大街 129 号
- www.centrepompidou.fr
- 乘坐地铁 11 号线至 Rambuteau 站下车
- 13 欧元
- 平时 11:00~21:00，周四 11:00~22:00。每周二和 5 月 1 号闭馆

银发族 温馨贴士

蓬皮杜文化中心的大厅和第五层会不定期举办展览会、文学讨论会和各种演出活动，还有电影放映、戏剧表演等。而文化中心门前的空场地呈坡形，可容纳自发性的娱乐活动及露天表演，是自由艺术家们活动的“天堂”。

参考信息

巴黎 7 区瓦雷讷河街 79 号

www.musee-rodin.fr

乘坐地铁地铁 8 号线或 13 号线至 Invalides 站下

7 欧元

10:00~17:45，每周二闭馆

银发族 温馨贴士

罗丹美术馆虽然不大，但胜在精致。3 平方千米的花园内摆放着各式雕塑，展场内还有咖啡厅可供休息，这里还是电影《午夜巴黎》的取景之处，美术馆隔壁街的咖啡店内的咖啡在当地十分有名，可以尝一尝。

罗丹美术馆 Musée Rodin

罗丹美术馆是一座雄伟而壮观的博物馆，也是巴黎最受欢迎的休闲景点之一。馆内的花园中遍布着精美的雕塑和葱茏的树木，令众多来自世界各地的游客流连忘返。博物馆收藏了 20 世纪著名的艺术大师奥古斯特·罗丹的数千件雕塑作品，包括《沉思者》《吻》《地狱之门》《上帝之手》等。此外，馆内还藏有罗丹的许多插图、铜版画、素描以及罗丹本人收藏的艺术品。

参考信息

巴黎托里尼街 5 号

(33-1) 42712521

乘 RER 线路 B Saint-Michel-Notre-Dame 站下车后步行 10 分钟可到达

毕加索博物馆 Musée Picasso

毕加索博物馆位于 17 世纪中期绝美的莎雷公馆内，经过大规模整修后，于 2013 年重新开放。这里收集了许多毕加索的画作及雕刻作品，馆中藏有毕加索的 3500 多幅作品，从油画到素描、版画、陶塑，种类非常繁多。除此之外，这里还有毕加索的亲笔原稿，其中很多是由画家本人于 1970 年捐献的早期作品，甚至是幼年时期的画作，在这里你也可以看到大师的私人艺术藏品，包括塞尚、马蒂斯、德加等人的作品。

奥赛博物馆 Musée d'Orsay

奥赛博物馆是法国近代艺术博物馆，主要收藏从1848年到1914年间的绘画、雕塑、家具和摄影作品。奥赛博物馆与卢浮宫、蓬皮杜艺术中心并列为巴黎三大博物馆，是联结古代艺术殿堂卢浮宫和现代艺术殿堂蓬皮杜中心的完美中间过渡。大批名垂青史的大师杰作收藏于此，其中尤以收藏大量印象派画作而闻名于世。雷诺阿的《煎饼磨坊的舞会》、梵·高的《自画像》和莫奈的《睡莲》等是这里的镇馆之宝。

参考信息

- 巴黎7区里尔街62号
- www.musee-orsay.fr
- 乘坐RER C线至Musée d'Orsay站下车
- 9欧元
- 平时9:30~18:00，周四延至21:45。每周一闭馆

银发族 温馨贴士

奥赛博物馆里展品大部分是印象派的画作，其中最引人注目的就是梵·高的画作。到了这里才能真正体会原作和印刷品的区别。奥赛博物馆的大钟是极好的拍摄角度，在电影里多次出现过，来到这里千万不要错过这个绝佳的摄影点。

橘园美术馆 Musée de l'Orangerie

橘园美术馆坐落于杜乐丽花园内，靠近协和广场。橘园美术馆因收藏的莫奈《睡莲》系列珍贵画作而闻名于世，这几幅睡莲作品是莫奈在纪薇尼花园的画作，也是印象派的代表作。美术馆一共两层，第一层只有两个圆形展厅，每个展厅放置三幅长方形画作。美术馆的地下层还有印象派末期至二战左右的作品，塞尚、毕加索等人的佳作在这里都有收录。

参考信息

- 巴黎协和广场附近，杜乐丽花园内
- www.musee-orangerie.fr
- 乘坐地铁1、8、12号线至Concorde站，或乘坐24、42、52、72、73、84、94路公交车至Concorde站
- 7.5欧元
- 平时9:00~18:00，每周二闭馆

逛一逛

时尚购物

参考信息

- 巴黎市中心，东起协和广场西至凯旋门
- 搭乘地铁 1、8、12 等线至协和广场（Concorde）下即可到达

香榭丽舍大街 Av des Champs-Élysées

香榭丽舍是由田园（Champs）和乐土（Elysées）两词构成，故其又名“爱丽舍田园大道”，而“香榭丽舍”这个美丽浪漫的名字，是由徐志摩先生留学法国时所赐。它东起协和广场，西至凯旋门，是巴黎诸多大街的中心。以圆点广场为界，香榭丽舍可分成两部分：东段以自然风光为主，两侧是平坦的英式草坪，在法国梧桐下漫步，可体会它的宁静和舒适；西段为商业区，众多世界名品琳琅满目，展示出香榭丽舍的时尚和繁华。在这里无论是漫步还是购物，香榭丽舍大街都会给你最极致的享受。

老佛爷百货公司 Galeries Lafayette

老佛爷百货全称巴黎老佛爷百货商店，它诞生于1893年，紧邻巴黎歌剧院。它曾经凭借豪华如宫殿的装修轰动一时。在拜占庭式的巨型镂金雕花圆顶下，来往的顾客众多，像是赴一场中世纪的聚会，购物真正成了一种享受。

如今，老佛爷百货的含义早已经超出一家百货公司，成为巴黎时尚文化的缩影和策源地。然而“老佛爷”之所以经久不衰，不仅因为他们拥有世界上几乎所有的时尚品牌，而且因为他们的全球眼光和文化视野。

参考信息

巴黎奥斯曼大道40号

搭乘地铁7号线到 Chaussee d' Antin 站下步行可到达

周一至周六 9:30~20:00（周四延至 21:00）

银发族 温馨贴士

老佛爷百货有专门的中文导览，几乎每一个专柜都配有说汉语的服务员，有的甚至用A4纸打印出来写着“店内有中文服务，欢迎中国游客”，因此在老佛爷购物完全不用担心语言问题。

PART 2

普罗旺斯

梦幻之地。

印象普罗旺斯

风情万种的神奇土地

普罗旺斯地区因其地域广袤，气候极富变化而拥有非比寻常的魅力。这里天气阴晴不定，时而暖风和煦，时而冷风狂野，地势跌宕起伏，平原广阔，峰岭险峻，幽静的峡谷，苍凉的古堡，蜿蜒的山脉和活泼的都会，全都聚集在这片法国南部的大地上，演绎着万种风情。

普罗旺斯示意图

色彩斑斓的人间仙境

每年七八月间，普罗旺斯山区的薰衣草迎风绽放，浓艳的紫色装饰着翠绿的山谷，姹紫嫣红。微微辛辣的香味混合着被晒焦的青草芬芳，交织成令人难忘的迷幻气息。普罗旺斯凭借着其得天独厚的绝美风景，成为文人最爱的驻足地，也是艺术家们的灵感来源地。在这里，徜徉在弥漫的草香之中，尝一口美味的芝士，人生最惬意的享受也不过如此吧。

地理位置

普罗旺斯位于法国南部，北起阿尔卑斯山，毗邻地中海，与意大利接壤，是从地中海沿岸延伸到内陆的丘陵地带。从阿尔卑斯山经里昂南流的罗讷河（Rhone），在普罗旺斯附近分为两大支流，然后注入地中海。

城市规模

普罗旺斯大区下辖包括罗纳河口省，沃克吕兹省，瓦尔省等六个省，面积 31000 多平方千米，人口 450 万左右。政府驻地位于南部的海港城市马赛（Marseille）。普罗旺斯境内有艾克斯（Aix）、马赛、阿尔勒（Arles）、阿维尼翁（Avignon）、尼姆（Nimes）等历史名城。地区物产丰饶、风景优美，从古希腊、罗马时代起就吸引着无数游人，至今依然是旅游胜地。

城市速读

普罗旺斯（Provence），全称普罗旺斯—阿尔卑斯—蓝色海岸（Provence-Alpes-Côte d'Azur），原为罗马帝国的一个行省，现为法国东南部的一个地区。普罗旺斯是世界闻名的薰衣草故乡，并出产优质葡萄酒。普罗旺斯还是欧洲的“骑士之城”，是中世纪重要文学体裁骑士抒情诗的发源地。

最佳季节

普罗旺斯地区属地中海气候，夏季干燥，冬季温和，每年日照达到300天以上，总体来说常年都适合旅游。其中6~9月是最适合来普罗旺斯游玩的季节。此时薰衣草开满山谷，色彩明丽，空气中香草气息弥漫。伴着阿维尼翁艺术节、艾克斯戏剧艺术节的开展，还可以欣赏到许多精彩的大型歌舞剧表演与音乐会等。

普罗旺斯春秋季节白天较凉爽，早晚较冷，最好带上夹克衫外套之类的衣物。山区的昼夜温差较大，夜晚请注意保暖。1月是全年最冷的时节，但最低气温一般也在0°C以上，可携带羊毛衣物和羽绒外套。

银发族温馨贴士

普罗旺斯的空气中总是充满了薰衣草、百里香等花木的香气，这种独特的自然香气在其他地方不是轻易能体验到的，这也是普罗旺斯最令人着迷的地方之一。在众多的花木中，薰衣草以其绚丽的色彩和迷人的香气最受人们的喜爱。当地居民对薰衣草香气以及疗效十分钟爱，在当地人家也会见到挂着的各式各样的薰衣草香包、香袋，商店则摆满了由薰衣草制成的各种制品，如薰衣草香精油、香水、蜡烛等，游客到此可根据情况挑选购买。

节日风俗

关于普罗旺斯，人们一提起来就会联想起薰衣草花田、美丽的村庄和明媚的日光，这些完美假日的元素当然也不能少了那些热闹的特色节日。普罗旺斯的节日同样充满了特殊的艺术气息，阿维尼翁戏剧艺术节、戛纳电影节、尼斯嘉年华是其中最佳的代表。

阿维尼翁戏剧艺术节（Festival d'Avignon）是普罗旺斯地区颇为隆重的节日，从1947年开始，每年7月上旬到8月初举办，为期三周。艺术节期间共有600场以上的表演，其最大特色是演出场地都在露天剧场，演出者必须顺应场地的先天条件，通过灯光与舞台设计，让场地与表演相互融合。活动期间，整个阿维尼翁随处可见展览、戏剧、音乐舞蹈等节目，来自世界各地的艺术家，会在这座欧洲古城上演歌剧、舞台剧等，展示各自的艺术才华。

尼斯嘉年华（Carnaval de Nice）是尼斯每年的2月到3月之间举行的嘉年华活动。嘉年华起源于迎接封斋节的来临，为期2~3周的庆祝活动包括嘉年华游行、花车游行、点灯游行等。活动期间，走在尼斯街头，随时随地都能感受到浓郁的节日气氛，其中又以英国人散步大道等主会场最为热闹。

戛纳电影节（Festival de Cannes）于1946年首度举办，是当今世界最具影响力、最顶尖的国际电影节之一。戛纳电影节每年定在5月中旬举办，为期12天左右。其间除影片竞赛外，市场展亦同时进行。每年的戛纳电影节都会吸引世界各地的电影艺术者前来共赴盛会，电影节最高奖是“金棕榈奖”，陈凯歌导演的电影《霸王别姬》就曾获此殊荣。

文化特色

普罗旺斯从诞生之日起，就谨慎地保守着她的秘密，直到彼得•梅尔的到来，普罗旺斯许久以来神秘的面纱才逐渐被揭开。梅尔笔下的“普罗旺斯”已经不再是一个单纯的地域名称，更代表了一种简单无忧、轻松慵懒的生活方式，如果旅行是为了摆脱生活的桎梏，那么普罗旺斯会让你忘掉一切。

在普罗旺斯这片色彩绚烂的土地上，向日葵遍布原野，湛蓝纯净的天空下，圣洁纯白的雪山和紫色的薰衣草相映成画，成为了众多艺术家无尽的灵感来源。普罗旺斯还有着诸多的精彩体验，去马赛感受一下最激情的法兰西之夏，在阿尔勒周围追寻梵·高的踪迹，沿着海滩骑一骑卡马格的白马，去阿维尼翁的私人博物馆，欣赏那里令人印象深刻的藏品。穿过遍地长满薰衣草的山坡，才算真正来过这里。

银发族出行指南

巴黎→普罗旺斯

马赛是普罗旺斯大区的首府，也是普罗旺斯境内各个城市的交通转乘点，与邻近的阿维尼翁、艾克斯、戛纳、尼斯等城市都有班次密集的火车相通，因此前往普罗旺斯的第一站定为马赛毋庸置疑。

巴黎的里昂车站（Gare de Lyon）有直达马赛圣查理火车站的快速火车 TGV，车程约 3 小时。此外还可以选择坐飞机前往。

马赛的普罗旺斯机场（Aéroport de Marseille-Provence）是法国第二大机场，随着法航在此成立新的中转站，以及各家廉航的竞争，使这里成为直接进入普罗旺斯地区的理想选择。法航每天提供 2~3 个直飞航班，由巴黎飞至马赛仅需 1 小时 15 分钟。

马赛普罗旺斯机场距市中心约 28 千米，从机场可乘坐机场接驳巴士（Navette Marseille）前往马赛市区的圣查理火车站，运营时间 5:00~00:10，大约 20 分钟一班，全程 25 分钟，单程车票 8 欧元，车票可在机场售票柜台购买。另外，也可搭乘出租车前往市区，车费大约 50 欧元。

马赛市区

马赛的地铁、电车和公交车等交通系统都由马赛交通管理局（RTM）经营，彼此间的交通票券通用，相当方便。此外，单程票在 60 分钟内可以随意转乘 RTM 的所有交通工具。

地铁：马赛市区有两条地铁线，M1 线呈 U 形，主要穿行市区南北方向，M2 线则横贯市区东西。地铁运营时间周一到周四从 5:00~23:00，周五至周日 5:00~1:00。

公交车：马赛有 80 条公交路线，大约在 21:30 分停止运营，夜班车会一直运营到 0:30。

单程票 1.5 欧元，一日券 5 欧元，三日券 10.5 欧元，七日券 12 欧元。购票可在地铁站内的售票机或售票柜台，路边报摊也可以购买。

电车：两条电车连接起马赛南北两侧。

运营时间：5:00~0:35。

出租车：在马赛乘坐出租车最好电话预约，因为招手停车十分困难，或者也可以前往出租车站点等候。电话预约：04 91 02 20 20。

马赛→普罗旺斯

马赛作为普罗旺斯首府，与区内其他城市也有着密集的交通线路可以选择。从马赛前往普罗旺斯其他城市的交通手段主要有 TER 和 TGV 两种，都是从马赛圣查理火车站（Gare St-Charles）发车。在马赛市区可以前往购物中心 Centre Bourse shopping centre 内的 SNCF Boutique 购买火车票。

阿维尼翁：从马赛圣查理火车站搭乘 TGV 前往阿维尼翁 TGV 车站（Gare Avignon TGV），车程约 35 分钟，另有巴士来往于马赛—阿维尼翁之间，车程约 2 小时。

尼斯：从马赛圣查理火车站搭乘 TGV 前往尼斯火车站（Gare Nice Ville），车程约两个半小时。

戛纳：从马赛圣查理火车站搭乘 TGV 前往戛纳火车站（Gare Cannes），车程约 2 小时。

艾克斯：从马赛圣查理火车站搭乘 TGV 前往艾克斯 TGV 车站，车程约 12 分钟。

阿尔勒：从马赛圣查理火车站搭乘 TER 前往阿尔勒车站（Gare Arles），车程约 45 分钟。

银发族住宿指南

普罗旺斯的住宿非常有特色，如同当地多元化的生活风貌，从市区的豪华大饭店到乡间的民宿农庄，应有尽有，这些住宿同样提供了舒适的休息环境与地方饮食。若是懂法文，或能找到懂法文的人随行，还可以考虑在供应餐点的民宿过夜，近距离地感受当地的风俗民情。有的民宿还安排房客参加地方的活动，和当地人一同用餐，天南地北地聊天，在满天星斗下共同欢乐，那种融洽的气氛应是地球村精神的最佳呈现。

大洋洲艾斯卡尔酒店 Hôtel Escale Oceania

酒店房间虽然不大，但胜在位置绝佳（马赛旧港），房间清新干净，浴室一尘不染，配备了又大又宽敞的淋浴间，住宿其中，可以在游玩一天后舒舒服服的洗个澡，还可以观看港口风景。价格：91 欧元起。

地址：马赛旧港麻田路 5 号

交通：市区格拉内博物馆步行即达

电话：（33-4）91906161

露来莫丝酒店 Le Limas

这家别致的民宿位于 18 世纪建造的连排别墅里，

如同从杂志书中搬出来的一样。艺术级的厨房和极简主义的白色装饰为那些古老的壁炉和 18 世纪的螺旋形楼梯锦上添花，在洒满阳光的露台上吃早餐更是一大乐事。价格：120 欧元起。

地址：利马街 51 号

交通：阿维尼翁市铁路站步行 15 分钟即到

电话：（33-4）90146719

尼斯鹅卵石公寓 Nice Pebbles

位于尼斯老城的时尚公寓，让你像真正的尼斯当地人一样生活。公寓高档设施齐全（平板电视、厨房、亚麻床上用品），在度假公寓中享受四星级酒店待遇。价格：105 欧元起。

地址：尼斯老城 Gioggredo 街 23 号

交通：尼斯市区步行可达

电话：（33-4）97202730

坎贝拉酒店 Hôtel Le Canberra

酒店与戛纳十字大道仅有几个街区之隔，是魅力戛纳的缩影：精心设计的灰色主色调房间搭配上缤纷糖果粉色，还有灯光缤纷的温水泳池提供，花园内种满翠竹，氛围幽静，服务也无可挑剔。价格：255 欧元起。

地址：安提比斯大道 120 号

交通：戛纳火车站步行可达

电话：（33-4）97069500

银发族养生美食

在美食方面，普罗旺斯最大的优势在于农产品丰富，新鲜的蔬菜水果、橄榄油、大蒜、海鲜、香料组合成食客的天堂。

许多人常用三种食物代表普罗旺斯的烹调特色：橄榄油、大蒜与西红柿。走在普罗旺斯，触目所及几乎都是绿油油的橄榄树，这里可以说是法国橄榄油生产的重镇，不仅造就了别致的自然景观，也提供了居民营养所需的油脂。橄榄也顺理成章地走入每家的厨房。普罗旺斯餐馆的食品质量很高，美食众多，其中代表性的菜肴有普罗旺斯鱼汤（Bouillabaise）、橄榄酱（tapenade）等。

养生菜品

整个法国都有属于自己的鱼汤，只是内容稍微有异，再冠上不同的名称而已。但是在众多种类的鱼汤之中，以普罗旺斯鱼汤最为有名。普罗旺斯鱼汤又称马赛鱼汤，这是一道凡是造访马赛的游客都不能不尝的美食。传统的做法是用几种常见的地中海鱼加上橄榄油、洋葱、番茄、大蒜、茴香、葱、桂叶和柳橙皮等多种食材快速烹煮而成，一般不含贝类，虾或蟹也很少使用。食用时配上碎面包或者烤面包，再加上普罗旺斯比较出名的 Rouille 酱料一起食用，鲜香味美，回味无穷。

养生功效

鱼的营养价值十分丰富，含有大量的蛋白质，且脂肪含量较低，大多数只有 1% ~ 4%，且多为不饱和脂肪酸。海水鱼和淡水鱼都含有丰富的碘，还含有磷、钙、铁等微量元素。鱼肉还含有大量的维生素 A、维

生素 D、维生素 B1、尼克酸等人体需要的营养素。因此鱼肉的食疗功效不可小视，不同种类的鱼保健功能也不尽相同，所以常常成为诸多靓汤的主料。多吃鱼可以健脑、护心降脂、高效补钙，也对防糖尿病和高血压有着极好的效果。

美食搜街

普罗旺斯地域广阔，几乎每个地方都有着品尝美食的去处。不管是一周中的哪一天，普罗旺斯总有一个地方可以赶集，集市是品尝当地土特产，购买野餐美食的好去处，也是普罗旺斯生活的精粹部分。福卡尔基耶集市的蜂蜜、奶酪、圣雷米集市的橄榄食品、阿尔勒集市的牛肉香肠，都是普罗旺斯最具代表性的风味美食。

此外，在马赛旧港区也挤满了各色餐厅，于连大道及其周围的大街上汇集了来自世界各地的美食，游客们可以在此大饱口福。

银发族行程安排

漫步尼斯蓝色海岸

如果将巴黎比作美轮美奂的精笔油画，那么尼斯则更像是狂放不羁的彩色涂鸦。蓝色海岸和灰白色沙滩是尼斯调色板上两个最重要的颜色，午后的阳光慵懒地洒在窄窄的街道上，坐在街角的咖啡厅，享受着这悠然的下午茶时光。这一切，仿佛老电影里的情节一般。

游览路线推荐： 英国人林荫大道—天使湾—尼斯圣母院—城堡山—马塞纳广场—尼斯老城

马赛海港风情大赏

马赛是地中海的门户，也是各种文化和宗教交会的熔炉，是到达普罗旺斯游玩必不可少的一个环节。马赛城市三面被山丘环抱，景色秀丽，气候宜人。主要景点有伊夫岛、贾尔德圣母院、马赛旧港等。

游览路线推荐： 马赛旧港—伊夫岛—老救济院中心—贾尔德圣母院—隆尚宫

探访普罗旺斯历史小镇

普罗旺斯不仅仅有薰衣草，还有历史文化古城和美丽的乡村小镇，在普罗旺斯浪漫的乡间小道上畅游，遥想这片土地上曾经发生的故事，别有一番情趣。

游览线路推荐： 阿维尼翁—塞南克修道院—石头城—米拉拉大道

戛纳 Cannes

戛纳，法国蓝色海岸的一个魅力小城，因戛纳电影节而闻名于世。每年 5 月，这里都会成为全世界的焦点，大牌云集，星光闪耀。在 5 月之外的时光里，小城明媚而安静，水天一色的蓝让人沉醉。

“精巧、典雅、迷人”，是大多数人对戛纳的评价。戛纳小城依偎在青山脚下，濒临地中海之滨，占据了得天独厚的地理位置。漫步城中，白色的楼房、蔚蓝的大海，以及一排排高大翠绿的棕榈树相互映衬，构成一幅美丽的自然风光。

戛纳既是过冬的胜地，也是避暑的天堂，这里有风景优美的长沙滩，引人入胜的海滨大道（Boulevard ed la Croisette），雅致的酒店以及上个世纪的古建筑群，还有现代化的高大楼宇。街道中间的绿化带中繁花盛开，阳光下生机勃勃的棕榈树，给小城更增添了魅惑的元素。

参考信息

- 法国南部港湾城市尼斯西南约 26 千米处
- 从巴黎可乘坐 TGV 高速列车直达戛纳

银发族温馨贴士

1. 在世外小岛遥想铁面人的传说：传说中路易十四将自己的孪生兄弟囚禁于戛纳的圣玛格丽特岛，岛上海洋博物馆里至今还保留着铁面人的牢房。

2. 每年5月戛纳电影节期间，这里都会成为全世界的焦点。5月来戛纳，你有机会看到许多国际大牌明星，感受世界顶级电影节的独特魅力。

参考信息

法国东南部尼斯市区内

乘坐电车一号线（T1）至 Vieille Ville 站下即可到达

银发族温馨贴士

老城区每天上午有不同的集市、二手市场、海鲜市场等，在这里可以淘一淘小工艺品，也可以品尝特色小吃和尼斯特色菜，在宁静休闲中体验老城的静谧。

尼斯老城 Vieux Nice

尼斯老城是尼斯建城后最初形成的地方，以教堂和广场为中心。老城最初由希腊人建成，曾是罗马帝国的殖民地，于1860年才脱离意大利统治。因此尼斯的老城区里有很多巴洛克式的教堂和房屋，充满意大利式的生活气息和情调。

尼斯老城的建筑物颜色鲜艳明亮，高低曲折的狭窄小巷随小山丘起伏，沿路有不少特色小店、餐厅和酒吧，晚上还有夜市，售卖着各种工艺品。

瓦朗索勒 Valensole

瓦朗索勒地处高原，阳光灿烂，是最经典的普罗旺斯小镇之一，也是参观薰衣草花田的最优选择。小镇的多数居民都是薰衣草世家，以种植薰衣草、提炼薰衣草精油为生。小镇周围还有很多专业的薰衣草加工厂，他们用最天然的方式提炼薰衣草精油，制作各种薰衣草小制品，如薰衣草花茶、蜂蜜、小枕头等。从瓦朗索勒前往迪涅（Dgine）的公路边，除了大片的薰衣草之外，还可以看到南法最大的向日葵花田，风景美不胜收。

参考信息

普罗旺斯区的市中地带

（33-4）92749002

www.valensole.fr

瓦朗索勒小镇几乎没有公共交通直达，游客可以租车自驾或跟当地旅行团前往，一般在住宿的酒店前台会有当地旅游团的信息，直接咨询即可

帕尼耶老城 Le Panier

帕尼耶老城位于马赛旧港北方，这里处处交织着历史的印记，这里也被称为“马赛的蒙马特”，既是因为它陡斜的街道与蒙马特相似，同时也因为它浓厚的艺术氛围。这里曾经在二战时被炸毁，重建后，如今这里已经成为众多小巷构成的大杂烩，里面隐藏着无数的手工艺品商店、艺术工作室和带阳台的房屋。

参考信息

马赛旧港北方

搭乘地铁1号线至Vieux Port出口，下车后向北步行约10分钟即可抵达

银发族温馨贴士

帕尼耶老城的核心是老救济院中心（Centre de la Vieille Charité），其附近的马赛主教座堂（Cathédrale de la Major）矗立在新、旧港口之间，拥有一个带有条纹的正门立面，是用来自卡西斯当地的石头以及来自佛罗伦萨的绿色大理石砌成，值得驻足一看。

观一观

历史印记

参考信息

罗讷河畔，南距迪朗斯河和罗讷河汇合处 4 公里

www.avignon-tourisme.com

由于 TGV 的开通，游客可以选择从巴黎机场乘坐火车到阿维尼翁，全程也只需不到 3 小时。此外，在马赛和尼斯也可以乘坐高速列车 TGV 直达阿维尼翁。

周一至周六 9:00~18:00，周日和节日 10:00~12:00

银发族温馨贴士

阿维尼翁的旅行咨询处位于火车站正对面的共和国大街上，这里提供免费的阿维尼翁市内景点地图，以及周边小镇的旅游信息咨询。阿维尼翁中央邮局在火车站对面的城墙中，可购买邮票、邮寄明信片，或办理邮寄包裹。

阿维尼翁城 Avignon

阿维尼翁城位于普罗旺斯的中心地区，是法国东南部最重要的城市之一。阿维尼翁被称为“教皇之城”，在教皇克雷芒五世（Pope Clement V）到 1378 年这段时期，天主教教廷从罗马迁移于此，并受国王的控制。由于教皇的迁居，阿维尼翁也成为了教徒们的朝拜圣地，城内保存有很多宗教建筑，其中最壮观的莫过于庞大的中世纪要塞兼教皇住所——教皇宫（the Palais des Papes）。

阿维尼翁除了其历史悠久的古代建筑，还以其丰富的艺术文化而闻名于世。一年一度的阿维尼翁艺术节是其最盛大的节日。如今这里也是一座充满活力的学生之城，也是探索周围地区的理想基地。阿维尼翁这座历史古城在 1995 年被列入世界文化遗产。

阿尔勒城 Arles

阿尔勒城位于法国东南部，马赛西北 72 千米处。公元 46 年，阿尔勒在古罗马帝国统治下成为退休军人定居城市，被誉为“高卢人的小罗马”，继而在基督教发展初期成为重要的宗教中心，14 世纪为法国国王查理六世所得。

阿尔勒是一座有众多古罗马遗迹的历史老城，这里曾拥有一个可容纳 12000 人的戏剧院和一个可容纳 20000 人的斗兽场。此外，这里也是荷兰画家梵 · 高曾经旅居作画的地方。在阿尔勒漫步，就像在画中游走，黄墙彩窗，心清意惬。梵 · 高的名画《星空下的咖啡馆》正是在这里所作，如今那家咖啡馆吸引了众多游客前来一睹画中风采，谁曾想当年梵 · 高手中的画笔，真将一瞬变为永恒。

参考信息

法国东南部，马赛西北 72 千米处

在阿维尼翁、马赛等地可以乘坐高速列车 TGV 到达阿尔勒城

古罗马建筑通票 13.5 欧元（包含多家博物馆、两家古罗马剧场、浴场等）

历史链接

阿尔勒原是凯尔特族群聚落地，公元前 49 年，阿尔勒支持了获胜者尤里乌斯 • 凯撒，其政治地位和财富随之大大提高。在凯撒掠夺了支持其对手庞培大帝的马赛城之后，阿尔勒一举超越了马赛，成为该地区的主要港口。公元 46 年，阿尔勒成为古罗马帝国退休军人的定居城市，达到有史以来第一个黄金时期，继而在基督教发展初期成为重要的宗教中心。阿尔勒城在中世纪初期的外族入侵中受到重大破坏，于 12 世纪获得重生，中古世纪富丽堂皇的建筑见证了这一段生气蓬勃、精彩丰富的历史。阿尔勒的古罗马建筑群已于 1981 年被列入世界文化遗产名录，阿尔勒也成为欧洲文化古城联盟会员之一。

参考信息

法国东南部，距离阿维尼翁约 20 千米

（33-4）90347088

从阿维尼翁也可乘坐长途巴士前往奥朗日，每天有十多个班次，行程 45 分钟

奥朗日城 Orange

奥朗日城位于法国东南部，距离阿维尼翁约 20 千米。奥朗日城的大剧场建于罗马帝国皇帝奥古斯都统治时期（公元前 27~ 前 14 年），是目前法国境内保存最完好的罗马帝国时代的大剧场之一，至今仍是演出歌剧和举办音乐会的场所。

位于城北亚格里帕大道上的凯旋门，建造于公元前 1 世纪，是为了纪念古罗马将军恺撒的战功而建。凯旋门上有精美的浮雕，描绘了恺撒率领罗马军团战斗的情景。1981 年，奥朗日凯旋门和古罗马剧院及其周边建筑入选联合国教科文组织世界文化遗产名录。

银发族温馨贴士

每年七月的最后一个周六奥朗日城会举行罗马艺术节，人们在城市的大街小巷里观看古罗马军队、奴隶市场、古罗马市场和议事集会以及古罗马斗士的战斗。置身其中，仿佛穿越回到一个古罗马的城市氛围之中。

历史链接

1544 年，当时还是公国的奥朗日成为德意志拿骚家族威廉一世的领地，威廉一世公爵是荷兰的开国元勋，至今荷兰王室仍然有其血统，他的曾孙渡海成为英国国王，称威廉三世，直到 1713 年，奥朗日才划归法国。这段与欧洲两个王室有关的历史常使奥朗日人引以为傲。

参考信息

马赛旧港南岸修道院街 3 号

（33-4）96112260

乘地铁 1 号线到 Vieux Port 站，下后步行 3 分钟到达

免费参观

9:00~19:00

圣维克多修道院 Abbey Saint-Victor

圣维克多修道院建于公元 5 世纪，是在古代旧城遗址上建立起来的，它一直雄踞于马赛旧港的南岸。几经毁坏之后，修道院在 14 世纪的教皇乌尔班五世统治下得到加固。

圣维克多修道院的城下教堂内，藏有公元 5 世纪的重要文物以及许多当时留下的石棺，收纳了许多基督徒和异教徒的遗骸。墓穴中埋葬最古老的两个殉教者骨骸的墓穴，是修道院初建时的遗物。正是从这座修道院出发，整个普罗旺斯地区开始了基督化的进程。

瞧一瞧

埃兹小镇 Eze Village

埃兹小镇位于尼斯与摩纳哥之间，是一座美丽的中世纪古镇，一砖一瓦都散发出浓浓的历史感和古典的地中海风味。镇子上的建筑都建在陡峭岩壁上，很像老鹰筑巢的方式，因此又称“鹰巢村”。

埃兹小镇位于地中海边凸起的一座山上，这里独占高地，坐拥地中海全景，海与山相互辉映，景色壮丽。镇子上居住的大多是做生意的商店和旅馆，还有很多的画廊，当地手工匠开的小店都蛮有意思。哲学家尼采曾在这里居住过，并在这里完成了代表著作《查拉图特拉如是说》的第三部。奥斯卡获奖电影《捉贼记》(*To Catch a Thief*) 也是在这里拍摄的。

参考信息

- 位于尼斯与摩纳哥之间
- 从尼斯搭乘 112 号巴士 (开往 Beausoleil 方向) 在 Eze Village 站下，约 20 分钟即到
- 小镇无门票，山顶的热带植物园 (Le Jardin Exotique) 收门票 6 欧元
- 镇上的商店大多早上 9:00 开门

银发族温馨贴士

埃兹小镇的主要景点有热带植物园 (Le Jardin Exotique)，门票 6 欧元，登到高处可以观看美丽的地中海全景，还可免费参观 Fragonard 香水工厂。

贾尔德圣母堂
Basilique Notre Dame de la Garde

贾尔德圣母堂，又叫守护圣母圣殿，是马赛的象征。它建于 150 米高的山丘上，配有一座 46 米高的钟楼。大教堂主体建筑上方有一座金色的高达 9.7 米的镀金圣母像，据说，几乎在马赛的任何地方都可看到这尊闪闪发光的圣母像，大教堂也因此成为马赛的标志，从这里俯看马赛全城，眺望地中海风景角度极佳。教堂内保存有许多祈祷航海平安的模型船，同时这里还残留着第二次世界大战时期，德军对抗英美联军而留下的累累弹痕的墙壁，它们证明了解放马赛的战役（1944 年 8 月 15 日 ~25 日）有多么激烈。

参考信息

- 马赛旧港的里沃讷沃码头左侧的山顶上
- （33-4）91134080
- 可搭乘地铁 1 号线至 Estrangin Prefecture 站下车，从旧港朝教堂方向步行约 1 千米可到；也可搭乘 60 路公交车或旅游列车直达教堂
- 免费参观
- 4 月至 9 月 7:00~20:00；10 月至来年 3 月：7:00~19:00

圣尼古拉斯大教堂
St-Nicholas Russian Orthodox Cathédral

圣尼古拉斯大教堂是一座典型的俄罗斯东正教教堂，建于 1912 年，也是俄罗斯境外同类建筑中最为古老和重要的教堂，由沙皇尼古拉二世出资修建。当时，尼古拉二世来到尼斯旅游，被当地的迷人风景和宜人的气候所吸引，所以出于对尼斯的眷恋和青睐，便建造了这座宏伟的教堂以表纪念。

教堂建筑风格为传统的莫斯科样式，黄金装饰的

参考信息

- 尼斯塔匝维奇大道 17 号
- （33-4）93968802
- www.cathedrale-russe-nice.fr
- 乘坐 71 路公交至 Tzaréwitch 站
- 免费参观
- 上午 9:00~12:00； 下午 14:30~18:00

十字架和瓷砖装饰的圆顶流露出那个时候俄罗斯繁盛时期的气息。教堂内部的装饰很是值得参观，堂内有很多生动精美的壁画和圣像，护壁板的雕刻也很细致，整座建筑富丽堂皇，6 个洋葱型圆顶是其建筑的一大特色。

参考信息

- 尼斯马塞纳广场街 15 号
- 乘坐电车 1 号线（T1）至 Nice-Massena 站下车
- 免费
- 全天开放

马塞纳广场 Place Masséna

马塞纳广场是尼斯最著名最宏伟的广场，连接尼斯老城与新城。它的附近汇聚了尼斯的精粹，南面是尼斯老城，北面是梅德桑大街，周围是富丽堂皇的红色建筑，著名的老佛爷百货公司也在这儿开有分店。

马塞纳广场上的大型喷泉是吸引游客的热门聚集地，喷泉上的青铜装饰象征太阳系的各大行星。晚上这里灯光璀璨，经常有街头表演可以欣赏。在周围的咖啡店坐上一会儿，晒晒太阳，看看过路的行人也是十分惬意的享受，穿过广场就可以到达尼斯海边，十分方便。

秀一秀

自然风光

参考信息

- 马赛港口码头 34 号
- 乘坐地铁 1 号线至 Vieux Port 出口站下车
- 免费
- 全天开放

马赛旧港 Vieux Port

旧港是马赛市中心一个与众不同的景点。2600 年前，希腊人发现了这片叫作拉希冬小海湾的地方，如今这里是可以停靠 350 条休闲船只的港口。这里是整个马赛地区的重心和精华所在，不仅因为此处是马赛的起源地，也因为纯粹的马赛风情只有在此地才能一览无遗。

“旧港”其实并不旧，它是在第二次世界大战后才重建的，但当地人还是以“旧港”称呼它，除了习惯，应该是有一份历史情感在其中。每天清晨，这里的鱼市场热闹非常，码头泊满小渔船及小艇，整个港湾都充满着法国南部特有的悠闲气氛。

银发族温馨贴士

马赛旧港周围有许多著名的古迹，包括路易十四时代建造的圣约翰城堡和圣尼古拉城堡。除此之外，旧港还是马赛人的生活娱乐中心。旧港一带是著名的美食街区，港口的餐厅大多经营着一道著名的马赛佳肴——马赛鱼汤。

天使湾 La baie des Anges

天使湾紧邻英国人林荫大道，因形似天使的翅膀而得名。天使湾的海水湛蓝如镜，是消夏的好地方。这里的海滩也很特别，都是由鹅卵石铺成的，踩上去有些扎脚，却别有一番趣味。滨海的大圆弧线几乎如圆规画出一般优美，两端的尖端呼应如天使的一对翅膀，伸出来拥抱大海。渐变色的海水和白色的海浪冲刷着洁净的海滩，当地人和度假的游客都喜欢来这里晒太阳，爬上城堡从东面俯瞰是欣赏天使湾的最佳角度。

参考信息

- 尼斯市地中海沿岸
- 尼斯火车站出来向南步行约 10 分钟即到
- 免费
- 全天开放

塞南克修道院 Abbaye Notre-Dame de Sénanque

塞南克修道院位于阿维尼翁东部 20 千米左右，建于 1148 年，隐藏在绿林环绕的幽静山谷之中，是普罗旺斯三座著名的西妥教团（Zisterzienser）修道院之一。这里也是《山居岁月》一书的故事发生地。这里被称为“全法国最美丽的山谷”之一，大部分明信片都取景于此。许多游人来此的目的，是为了一睹修道院前如深海般的薰衣草花田，那种摄人心魄的美好记忆，值得一生珍藏。

为了满足游人与薰衣草亲密接触的愿望，修道士们特意在路旁种植了一条薰衣草花道，人们可以

参考信息

- 阿维尼翁东部 20 千米左右
- （33-4）90750572
- www.senanque.fr
- 没有公共交通到达塞南克修道院，建议老人报当地旅行团前往
- 修道院每天上午自由参观，门票 7 欧元

银发族温馨贴士

修道院部分建筑和教堂允许进入参观，修道院还设有礼品店，各种薰衣草制品很受游客们的喜爱，在这里买一束薰衣草干花、一包薰衣草香袋或一瓶薰衣草精油，非常有纪念意义。

在花中漫步留影，尽情地享受薰衣草花带来的那种心旷神怡的美感。

伊夫堡 Château d'If

伊夫堡坐落在距马赛旧港 3.5 英里处的一个石灰岩小岛上，是一座边长 28 米的方形建筑，城墙上建有 3 个开着宽大射击孔的圆柱形塔楼。伊夫堡最初是由法国国王法兰西斯一世为加强马赛防御而提议修建的，竣工于 1531 年，建成后不久就被用作监狱。这里最有名的“囚徒”当属大仲马《基督山伯爵》一书里的主人公。如今的伊夫堡内的囚室还按照故事中的布局刻意挖了一条通道。

这个长不足 200 米，宽不足 168 米的小岛全部由石灰岩组成。通岛上平台的路径是高大厚实的围墙包围下的幽深的“九曲回廊”，每走数级台阶即有高墙和大门阻挡，路径曲折，犹如行进在深山峡谷中。

参考信息

- 距马赛旧港 3.5 英里处的一个石灰岩小岛上
- @ if.monuments-nationaux.fr
- 从马赛旧港乘坐游船可到达伊夫岛，往返 10 欧元，行程 20 分钟，每小时一班。夏季高峰期半小时一班，在东端 1 quai des Belges 的游船售票处买票
- ¥ 5 欧元
- 5 月 16 日至 9 月 16 日 9:30~18:10；9 月 17 日至次年 5 月 31 日 9:30~16:45

银发族温馨贴士

从马赛港口可以乘游艇到岛上，在古堡顶层还可以观摩马赛全景以及后面大岛的风景。此外，岛上的风景也很好，充满浓郁的地中海风情。

英国人林荫大道 Promenade des Anglais

尼斯海岸边有一条用棕榈树和花床装扮两旁的美丽大道，它的正式名为盎格鲁大道，1882 年由英国侨民筹款修建，因而也被俗称为英国人林荫大道。这条海滨大道沿途风光明媚，两旁种满各种花卉，一路通往天使湾畔，是绝佳的散步场所。

英国人林荫大道最初只是一条宽约 2 米的小径，后来经过扩建发展为尼斯最主要的交通要道。5 千米长的街道两旁，名品商店、艺术画廊和豪华酒店鳞次栉比，走在这里不仅能感受到一丝繁华的商业气息，还可以欣赏沿途的地中海天使湾的无敌海景。大道与马塞纳广场相连，尼斯嘉年华、鲜花游行等一些重大节庆活动都纷纷在这条魅力大道上举行。

参考信息

- 尼斯海岸边上
- 紧邻天使湾，从尼斯火车站出站后向南步行约 10 分钟即到

卡奴比埃尔大街 La Canebière

参考信息

- 马赛卡努比埃尔大街 1 号
- 乘坐地铁 1 号线至 Vieux Port 出口站下车步行 10 分钟可到达

卡奴比埃尔大街是马赛最著名的街道之一，沿着它可以直接通向马赛旧港。

它的名字源于普罗旺斯术语卡奴比，也就是大麻的意思，其历史可以追溯到 11 世纪，曾在这里居住过许多缆索工和大麻商人。

这条历史悠久的街道，链接着马赛旧港，是马赛最热闹的一条大街。街道上修建有许多生气勃勃的酒店、奢华的专卖店、剧院、咖啡馆，是马赛相当有名的一处购物场所。

萨莱亚广场 Cours Saleya

参考信息

- 尼斯老城萨是直街
- 海滨 Quai des États-Unis 大道往北

萨莱亚广场是尼斯几百年来的商业中心，来自各地的商贩都会在这里聚集。在古老的巴洛克建筑的环绕下，商家撑开阳伞或大棚遮挡烈日，游客喜欢在这里逛街购物。

广场上平日里由西向东有鲜花市场、果蔬市场和海鲜市场。每周一则是古董市场，真真假假的古董都会摆放在这里售卖，如果相信自己的眼睛或者运气的话可以来这里尝试一番。鲜花和果蔬市场有很多本地和周边普罗旺斯地区的农产品，像香水、香料、普罗旺斯薰衣草制的精油、肥皂、等。如果你住的地方有厨房的话，这里还是采购原料的理想场所。

格拉斯 Grasse

参考信息

距离戛纳 19 千米、位于海拔 325 米的高山之中

从尼斯搭巴士 70 分钟左右，每小时一班

格拉斯坐落在法国地中海沿岸海边，是普罗旺斯滨海阿尔卑斯省的一个市镇。

格拉斯依山而建，历史悠久。周围环绕着薰衣草、茉莉花、玫瑰花、橘子花和紫罗兰的花田，这里是法国最重要的香水产地，被誉为世界香水之都。

环绕着该城的香水工厂不下 30 家。这里的香水价格比巴黎等地便宜很多，很多游客都会慕名前来购买。

到格拉斯除了购物也不要忘了参观一下国际香水博物馆，可以了解到香水的制造过程以及各种品牌的香水知识。

普罗旺斯周边 摩纳哥

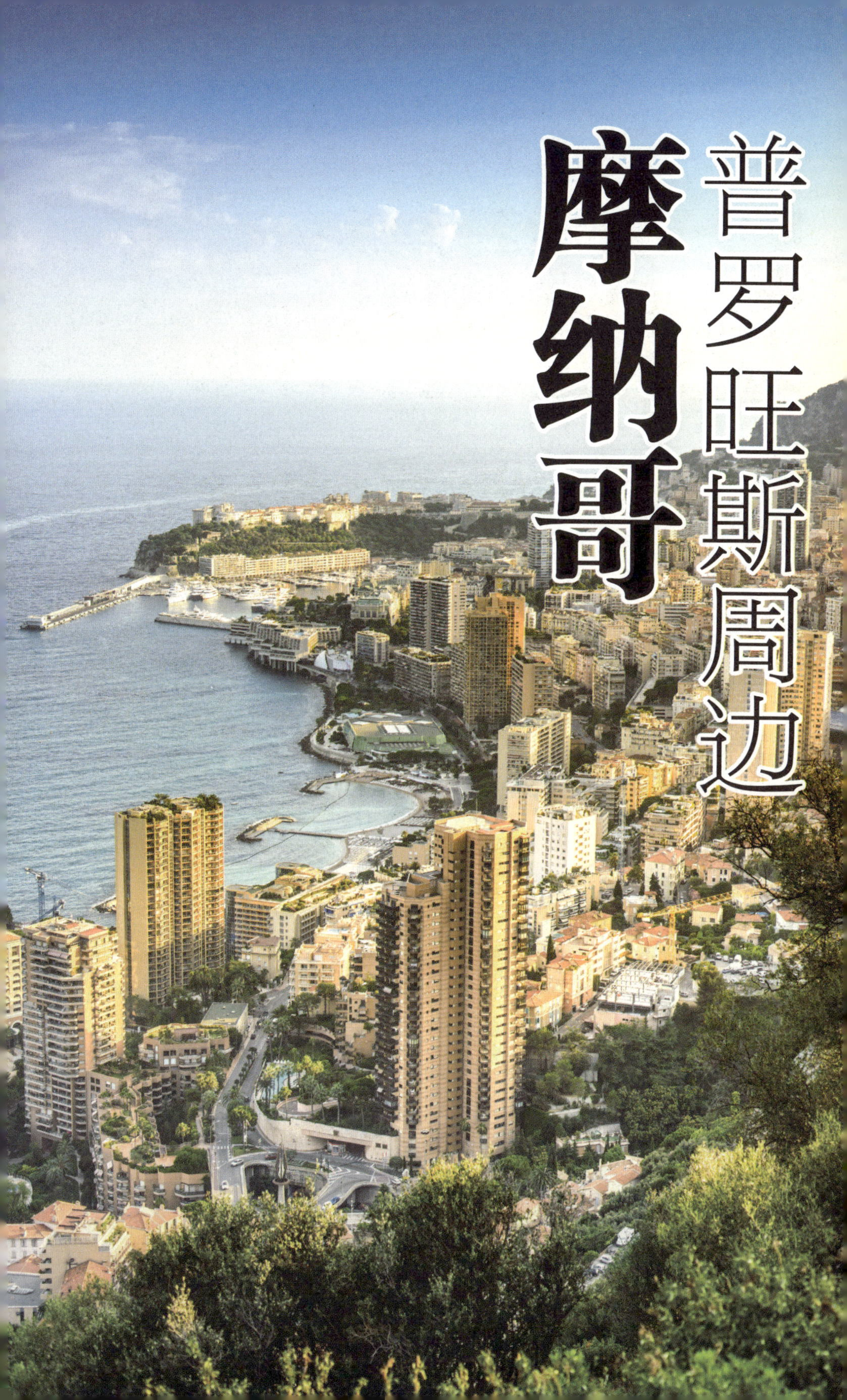

印象摩纳哥

1

精彩纷呈的袖珍之国

摩纳哥公国是世界上第二小的国家，领土面积仅大于梵蒂冈。但是其精致的姿态足以弥补领土的有限。摩纳哥经济发达，主要以博彩、旅游和银行业为主，公国在服务业和小型的、高附加值的、无污染的工业的多种经营上取得了成功的开发。这里光彩夺目，魅力无限，加上惊人的享乐主义，摩纳哥着实令人着迷。

城市速读

摩纳哥公国（Principauté de Monaco）是位于欧洲的一个城邦国家，是欧洲两个公国之一（另一个是列支敦士登）。摩纳哥是君主制国家，亲王是国家元首，现任亲王为阿尔贝二世，其首都是与国家同名的摩纳哥城（Monaco-Ville）。摩纳哥经济发达，国民极其富裕，它也是世界上人均收入最高的国家之一。

地理位置

摩纳哥位于法国南部，除了紧靠地中海的南海岸线外，全境东、西、北三面皆被法国包围，为典型的“国中之国”。摩纳哥主要由摩纳哥旧城和后来建立起来的周遭地区组成，主要城市有蒙特卡洛。

城市规模

作为世界上人口最稠密的国家之一，摩纳哥却也是一个典型的微型国家。其领土面积仅 1.98 平方千米，人口约 32000 人，可谓地窄人稠。摩纳哥全国为 1 个市镇单位，下辖 4 个区：摩纳哥城区、摩奈盖提区、枫维叶区和蒙特卡洛区。

最佳季节

摩纳哥三面与法国接壤，依山傍海，景色宜人。

它有着 4 千米多长的狭窄的海岸线，就像是一个“长在峭壁上”的五彩缤纷的海滨公园。摩纳哥属亚热带地中海气候，夏季干燥凉爽，冬季温暖湿润。年均气温为 16℃，年均降水量为 500~600 毫米。每个季节都适合前往旅游。

每年的四五月份是摩纳哥最热闹的季节，接踵而至的两大体育赛事——蒙特卡洛网球大师赛和世界一级方程式锦标赛（F1 摩纳哥大奖赛）吸引了全世界的眼光，摩纳哥也随之成为各界名人纷至沓来之地。

节日风俗

在摩纳哥这片精彩纷呈的国土上，一年四季都有举办很多节庆活动，游客参与其中可以更好地体验当地的风土人情。

F1 摩纳哥大奖赛是世界一级方程式锦标赛中历史最悠久的赛事之一。自 1950 年 F1 问世以来，每年 5 月下旬，蒙特卡洛街道都会作为赛道举行比赛。驾驶马力强大的 F1 赛车穿越狭窄的街道对车手来说是一次充满刺激的挑战，因此摩纳哥大奖赛也被视为 F1 大赛“王冠上的明珠”，在这里夺得冠军的车手也会被人们看高一筹。

蒙特卡洛大师赛创立于 1987 年，是职业网坛最重要的赛事之一。每年 4 月，大师赛会云集国际网坛的众多顶尖选手，观众可以一边欣赏比赛，一边欣赏蒙特卡洛的美景。

每年 1 月下旬举行的摩纳哥国际马戏节是当今规模最大、水平最高的国际杂技艺术节之一。该杂技节于 1974 年由摩纳哥大公雷尼尔三世创办，最高奖项是“金小丑”奖。我国自 1981 年首次参加这项比赛，至今共获得了 7 尊“金小丑”奖”、10 尊“银小丑”和 14 个特别奖。

文化特色

摩纳哥有着让人津津乐道的悠久历史。它最初被利古里亚人占领，后依次被罗马人和蛮族侵吞。1297年热那亚人格里马迪（Grimaldi）家族正式在此定居，其后裔由此渐渐成为封建首领和王公贵族，至今已统治了摩纳哥 700 多年。

说到摩纳哥，首先能想到的就是美丽的王妃格蕾丝·凯利（Grace Kelly）——曾经的奥斯卡影后，她与摩纳哥亲王兰尼埃三世的爱情故事在世界范围内广为传颂，而这段国王与美女的轶事，也为摩纳哥增添了许多浪漫的气息。

作为摩纳哥的历史中心，蒙特卡洛也是世界著名的赌城。虽然以博彩出名，但摩纳哥的文化气息也很浓郁。建于 1879 年的蒙特卡洛歌剧院气派非凡，是欧洲最著名的音乐殿堂之一，每年都会上演高质量的剧目。

摩纳哥不征收个人所得税的政策也吸引了数量可观的避税移民，他们主要来自其他欧洲国家，他们通过在摩纳哥以外的事业赚得大部分收入，在摩纳哥享受天堂般的生活。

银发族出行指南

法国→摩纳哥

摩纳哥公国虽然并不是欧盟成员国，但却在欧盟关税领域范围内，这也意味着从法国进入摩纳哥无需额外办理入境手续。

摩纳哥限于国土面积过小，无法建设客机机场，距离摩纳哥最近的机场是法国的尼斯蓝色海岸机场（Nice Côte d' Azur Airport），游客可以到达尼斯后，乘坐直升机航班飞往摩纳哥的 Héliport 机场，行程大约 7 分钟，价格 107 欧元起。或者在尼斯乘坐 100 路公交车也可以到达摩纳哥（15 分钟一班，单程票价 1 欧元，运营时间 6:00~21:00）。

摩纳哥→周边

摩纳哥公路总长 50 千米，与欧洲高速公路网连接。铁路总长 1.7 千米，并入法国铁路网，并由法国国营铁路公司管理。它还有 2 个港口，用于停靠各类游艇，商船则可在锚地短期停泊。

摩纳哥火车站（Gare de Monaco）每 20 分钟就有一班火车向东前往芒通（票价 2 欧元，行程 15 分钟），还有向西前往尼斯（票价 3.6 欧元，行程 25 分钟）的火车。此外，摩纳哥还有一个直升机机场（Héliport），每天有直升机航班往返于尼斯和摩纳哥之间。

摩纳哥城区

摩纳哥面积不大（仅有 1.98 平方千米），景点较为集中，城区内有公交车、出租车等交通方式，如果体力充沛，步行是最佳的游览方式。

公交：摩纳哥城区公共汽车网络共有五条线路。从 1 路到 6 路，唯独没有 3 路，公交线路全部由摩纳哥巴士公司（CAM）营运。2 路车连接摩纳哥城和蒙特卡洛，然后绕回珍奇花园。4 路车经过火车站、游

客办公室、赌场以及 Larvotto 海滩，所有线路票价均为 1 欧元。

出租车：在摩纳哥乘坐出租车需要向 Taxi Monégasque Prestige 公司预约，预约电话：08 20 20 98 98。

电梯：摩纳哥是一座人性化的城市，这里陡峭的街道之间专门设有自动扶梯和公共电梯。这些电梯大多是 24 小时运行，或者从 6:00 运行到午夜，十分方便。

银发族住宿指南

摩纳哥拥有十多家豪华酒店和宾馆，共有将近 3000 间客房和套间，这里的服务人员热情友好，酒店建筑各具特色，还汇聚着众多的餐馆，给每一位游客留下了无比美好的回忆。

摩纳哥本身属于高消费的城市，住宿费用本身就不低，遇到重大比赛或节日（比如 F1 比赛期间）宾馆价格更是让人望而却步，游客们也可以选择在附近的尼斯城居住，两个城市来往也很便捷。

哥伦布酒店 Hôtel Columbus

用具有都市感和高科技来形容这家位于丰维耶（Fontvieille）地区的大型精品酒店再合适不过了。酒店房间以大方漂亮的灰色为主色调，高雅的条纹传单以及“回归原始”的浴室，配备上讲究的木制家具。每间房间都有小阳台，视野极好。价格：230 欧元起。

地址：蒙特卡洛市中心帕帕莱大道 22 号

交通：乘火车至摩纳哥站步行可达

电话：（377-92）059000

诺富特—蒙特卡洛酒店 Novotel Monte-Carlo

这家位于摩纳哥中心地带的连锁酒店，拥有极佳的地理位置。蒙特卡洛赌场距离酒店只有 600 米，大力神港距离酒店也只有 10 分钟的路程。酒店房间宽敞明亮，色彩鲜艳，每间浴室都配有浴缸和淋浴设备。酒店每日还提供美式自助早餐和快餐早餐。价格：218 欧元起。

地址： 蒙特卡洛市中心夏洛特公主大道 16 号

交通： 乘火车至摩纳哥站步行可达

电话：（377-99）998300

港口宫酒店 Hôtel Port Palace

港口宫酒店位于山腰上，地理位置优越，在这里，旅客们可轻松前往市区内各大旅游、购物、餐饮地点。这家现代化酒店比邻格蕾丝公主剧院、摩纳哥汽车俱乐部、摩纳哥港等热门景点。酒店客房以舒适度为首要标准，一切设施都以此为目标。酒店内的 spa、桑拿、蒸浴室是游玩一天后放松身心的理想去处。价格：249 欧元起。

地址： 蒙特卡洛肯尼迪总统大道 7 号

交通： 乘船至摩纳哥港口步行可达

电话：（377-97）979000

米拉玛尔酒店 Hôtel Miramar

这家 20 世纪 50 年代建成的酒店设有屋顶天台酒吧，位于港口附近，是很好的住宿选择。酒店有 7 间房间带有超大阳台，能够俯瞰停满游艇的海港。价格：145 欧元起。

地址： 蒙特卡洛肯尼迪总统大道 1 号

交通： 乘船至摩纳哥港口步行可达

电话：（377-96）308648

银发族养生美食

美食是摩纳哥不可或缺的艺术之一，也为摩纳哥增色不少。星级餐厅享有盛誉的厨师个个都是美食高手，他们懂得如何将激情与美食完美融合。在摩纳哥，许多知名餐厅的绝妙风味还会随着季节变换而变化，让顾客不断体验到新鲜的美味感觉。

美食菜品

脆干果是摩纳哥路易十五餐厅的一道招牌菜，吸引无数美食家趋之若鹜的一道坚果美食，拥有干果丰富的营养价值，但是比其他品种更加的爽脆，回香无穷。让美食家都情不自禁发出“馋得令人直流口水”的感慨。

步步骏（Barbagiuan）是一道广泛分布在法国东部和意大利北部的开胃菜，起源于摩纳哥，也是摩洛哥的冷盘名菜，是在摩纳哥国庆日的大家最喜欢享用的美食。

叶形烧饼（Fougasse）是由方形条状的培根和奶酪

经过小心折叠所制的摩纳哥风味美食，因其成型很像是叶子，故得名叶形烧饼。比起其他的烧饼，叶形烧饼更像是糕点点心，里面有杏仁和坚果，整个饼味道甜爽，口感脆滑，绝对不容错过。

索卡咸饼（Socca）是摩纳哥的一种特色薄饼，跟比萨有点类似，薄饼是由埃及豆和橄榄油烘烤而成，加上蔬菜和肉类。香脆可口，营养丰富，在法国也颇受欢迎。

美食搜街

摩纳哥最知名的餐厅大多设在酒店内或海滨。蒙地卡洛的餐厅，奢华到了极致。想观赏海景，有隐士居饭店的顶楼观海餐厅，还有豪华的晚宴。在蒙特卡洛的巴黎大酒店开设的路易十五餐厅，吸引了世界各地的美食家慕名前往。

当然，对于预算有限的人们来说，野餐也是很好的选择。摩纳哥拥有许多的公园、海滩可以让你坐下来好好感受轻松的用餐氛围。在 Albert ler 码头附近，还能找到不少的三明治吧和经济餐馆。

银发族行程安排

摩纳哥休闲漫游

游览摩纳哥这个袖珍小国，只需不到两天时间便可将最著名的两个城市——摩纳哥城和蒙特卡洛仔细走遍。“悬崖上的首都”摩纳哥城气势不凡，以奢华闻名欧洲的蒙特卡洛风景优美。若是有幸碰上音乐季、歌剧演出、焰火盛会等活动，更能体验到摩纳哥的生机和活力。

游览线路推荐：

第一天：摩纳哥海洋博物馆—摩纳哥城—亲王宫

第二天：蒙特卡洛赌场—蒙特卡洛歌剧院—海洋温泉洗浴

探一探

城市风貌

参考信息

- 欧洲摩纳哥公国首都摩纳哥城
- 可以从位于 Condaminne 区的 palce aux Armes 出发，顺着红砖路大斜坡(Rampe Major)往上走即可到达
- 免费
- 全天开放

摩纳哥城 Monaco-Ville

摩纳哥公国首都摩纳哥城，也被称为 Le Rocher。整个城市矗立在阿尔卑斯山脉伸入地中海的一座悬崖上，因此也有“悬崖顶上的首都”之称。摩纳哥城属于地中海型气候，年平均气温为 16℃，四季如春，舒适宜人。

摩纳哥城拥有得天独厚的战略性位置，俯瞰着大海，是格里马迪王朝的据点。13 世纪最初建立时，这里被用于城堡防御，如今成为王室的私人行宫，受皇家骑兵团（Carabiniers du Prince）的保护。摩纳哥城也是摩纳哥公国唯一仍然保留有狭窄、蜿蜒的中世纪古道的地方，小巷两边随处可见纪念品和冰激凌商店，但是仍然能够嗅到摩纳哥曾经的气息。

摩纳哥亲王宫 Palais du Princier

建于 13 世纪的摩纳哥亲王宫位于峭壁边上，是摩纳哥公国政府所在地。这座最初由热那亚人建立的军事要塞，在 17 世纪以前一直被作为军事用途。摩

纳哥亲王宫由两部分组成，一半是王室的私人住所和办公场所，另一半是博物馆。如果你想一探皇家生活，可以参加有 11 种语言讲解的团队游参观亲王宫。这里有所有你期待看到的贵族府邸元素：极尽奢华的陈设以及 18~19 世纪的艺术杰作。

参考信息

- 摩纳哥老城区的一块海岬之上
- 可以乘坐公交车前往，或步行可达
- 8 欧元
- 4 月至 9 月 10:00~18:00

银发族温馨贴士

王宫广场附近是绝佳的散步之处，广场周围陈列着路易十四时期铸造的炮台。在广场远眺，可以看到意大利的泊蒂凯拉角，从西侧远眺，则可以将丰维耶区美景尽收眼底。王宫广场每天中午 11 点 55 分还会有卫兵换岗仪式，吸引不少游客驻足观赏。

摩纳哥大教堂 Cathédrale de Monaco

摩纳哥大教堂始建于 1875 年，建筑风格为当时风靡一时的罗马—拜占庭风格，其价值尤其体现在它那引人注目的，一整套文艺复兴之前时期的尼斯艺术家作品。

教堂在重大的国家节日里提供教皇服务，节日和宗教音乐会期间，人们可以聆听到 1976 年建成的四

参考信息

- 摩纳哥卡斯特罗街 4 号
- 乘坐 1 路公交在 Place de la Visitation 站下车，步行即可到达
- 免费参观
- 8:30~19:00

键风琴演奏出的绝美乐章。摩纳哥大教堂还是浪漫的婚礼场所，新人在这里牧师的见证下完成对彼此一生的承诺。这里也是摩纳哥许多王室族人的埋葬之地，包括著名的格蕾丝 ·凯莉王妃和兰尼埃三世亲王。

参考信息

- 摩纳哥圣马丁大道
- 乘坐公交或步行均可到达
- 13 欧元
- 9:30~19:00

银发族温馨贴士

博物馆里最受人关注的就是水族馆，一个6米深的水池，通过珊瑚礁将鲨鱼等肉食性动物与五颜六色的热带鱼分隔开来。馆中还另有90个更小的水池，养着几百种让人眼花缭乱的地中海及热带生物，每天有25万升新鲜海水被抽取上来，用于维持这些生物的生存。

摩纳哥海洋博物馆
Musée Océanographique de Monaco

举世闻名的摩洛哥海洋博物馆自 1910 年起就矗立在陡峭的悬崖上，是世界上最早的海洋博物馆。博物馆由阿贝尔一世亲王（1848 年 ~1922 年）下令建造，规模之大，令人叹为观止。

透过正厅的巨型玻璃，可以看见浩瀚的地中海。楼上两间宽敞的石柱廊房展现了海洋学历史以及海洋生物学知识。里面陈列着从古至今的渔船模型、各种海兽、海鱼的骨骼标本以及各种捕鱼工具等，把科学性艺术性有机地交融起来，在国际上享有盛名。

蒙特卡洛赌场及歌剧院
Casino et Opéra de Monte-Carlo

蒙特卡洛位于摩纳哥城的北面，是世界著名的蒙特卡洛大赌场所在地。大赌场一面是歌剧院，一面是赌场，周边风景非常优美，有海滨浴场、温泉浴以及运动场地等游乐设施。

富丽堂皇的大赌场建于1878年，是一幢古色古香的巍峨宫殿式建筑物，由巴黎歌剧院的设计师加尼叶设计建造，内部20世纪初的装潢风格雍容华丽，墙上的装饰帷幕，加上钻石般闪烁的水晶灯和满铺的红地毯的烘托，气氛不同凡响。让人眼前不禁浮现出当年俄国大公、英国贵族以及各国投机商人汇聚于此的情景。

参考信息

- 摩纳哥赌场广场
- 赌场地处繁华地段，市内多数公交均可到达
- 如果去免费的厅参观不需要门票，贵宾厅10欧元
- 除F1方程式大奖赛期间外全年开放，只参观不玩的游客9:00~12:00进入。参观并玩游戏的游客下午14:00进入

银发族温馨贴士

赌场内区域划分清晰，赌资限制最严的区域虽然可以买票参观，却只有富豪才能下注。赌场的周围是花园，在花园的任何一个角落都能观赏到摩纳哥的美丽风景。歌剧院不对参观者开放，需持演出票进入。每年从7月到来年4月间有精彩的演出。

特别提示

如果想要进入赌场参观，切记穿戴整齐。因为衣冠不整、穿拖鞋等情况会被保安禁止进入

参考信息

摩洛哥蒙特卡洛和康达敏区

蒙特卡洛中心区步行可达

¥ 无赛事时可免费参观，遇F1赛事时，就不能随意进入赛道参观

全年开放

蒙特卡洛赛道 Circuit de Monaco

蒙特卡洛赛道是一条具有悠久历史的赛道，位于蒙特卡洛城中，是世界四大知名赛道之一。这条以街道为场地的赛道，是F1所有赛道中最短的一条，并拥有F1赛道中最慢的弯角和著名的隧道。

同时因为在街道比赛，车队的加油站也很小很窄，但是由于赛道的技巧性强，悬挂和轮胎都很重要，因此只有最顶尖的车手才能在此赛道获得胜利，他们无不以赢取摩纳哥大奖赛冠军为夙愿。

世界汽车拉力赛、F1一级方程式锦标赛，在蒙特卡洛赛道都是重要一站。半个世纪以来，这条赛道的模样几乎没有改变，平时车水马龙，到比赛时会用各种安全设备封闭起来。虽然蒙特卡洛赛道单圈只有3.367公里，但由于道路狭窄、多弯、超车困难，所以对车手的技术要求非常高。

而对于摩纳哥的居民来说，最幸福的事情无疑是站在自己家的阳台上观看比赛了。每年F1大奖赛一票难求，有些居民会出租自己家的阳台供人观看比赛。

参考信息

摩纳哥castelans大道7号

从摩纳哥亲王宫向南步行700米可到达

4欧元

路易二世体育场 Stade Louis II

路易二世体育场主要功能是足球场，是以当时在位的摩纳哥亲王路易二世的名字命名的一座现代化体育场。

它是摩纳哥足球俱乐部和摩纳哥国家足球队的主要场地，自1998年起成为一年一度的欧足联超级杯比赛场地。它也可以用作田径比赛场地，曾经举办过国际田联总决赛。

体育场最初建于1939年，20世纪80年代填海造陆时，又在老馆旁边建设了新馆，1985年正式开放，共有约18500个座位，可容纳摩纳哥超过一半的人口，很多设施以及停车场都建于地下。

秀一秀

自然风光

珍奇花园 Jardin Exotique

珍奇花园又名圣马丁花园（Jardins St-Martin），是世界上最大的多肉植物和仙人掌种植地。从小的鹿角柱属到 10 米高的非洲烛台，应有尽有。花园中遍布着迷宫般的小径、阶梯和小桥，各种植物在这里生机盎然地怒放着。园内有清澈的池塘，野生的地中海植物以及一些珍稀的外来品种遍布其中，小径两侧时常可以看到精美的雕塑。

参考信息

- 摩纳哥花园大道 62 号
- 乘坐巴士 1 路，在 Place de la Visitation 站下车，步行即可到达
- 7 欧元
- 5 月至 9 月 9:00~19:00；9 月至次年 5 月 9:00~18:00

银发族温馨贴士

门票包含 35 分钟的洞穴团队游，并配有专业的导游讲解。这些位于山内的洞穴是重要的史前时期遗迹，也是欧洲唯一一处进入后温度会上升的洞穴，里面钟乳石、石笋等随处可见，十分有趣。

参考信息

摩纳哥格蕾丝公主大道

从蒙特卡洛赛道往北步行300米可到达

免费参观

全天开放

日本花园 Jardin Japonais

日本花园占地7000平方米，将大自然的景色搬入其中，园内精心布置的山水和亭台楼阁，无不体现出禅宗对于自然与人关系的释义，简约而不简单。在这座位于城市脚下的花园中，游客能够体会到浓浓的东方风情，以及自然与人的和谐之美。日本花园是这片现代化的高楼大厦中的一抹绿色，是名符其实的城市花园。

参考信息

蒙特卡洛赌场海岸线沿岸

由蒙特卡洛赌场沿海岸线向南步行600米左右即可到达

免费参观

全天开放

赫库勒斯港 Hercules Port

赫库勒斯港是摩纳哥唯一的深水港。这座现代化的港口于1926年建成，并在20世纪70年代进行了大幅度的整修。港口面积近40亩，提供锚地足足达700艘。

在摩纳哥湾里，赫库勒斯港停满了大大小小、各式各样极尽奢华的游艇。走在岸边，只见一艘艘停靠的游艇挤满了海湾，海水清澈湛蓝，顺着缆绳可以看到十几米深的海底。顺着岸边来到海堤上，一尊航海雕塑矗立在大海与蓝天之间，极其生动而富有活力。

Bar
Restaurant
DES FOURS
U D'I FURNI

PART 3

历史古城
里昂

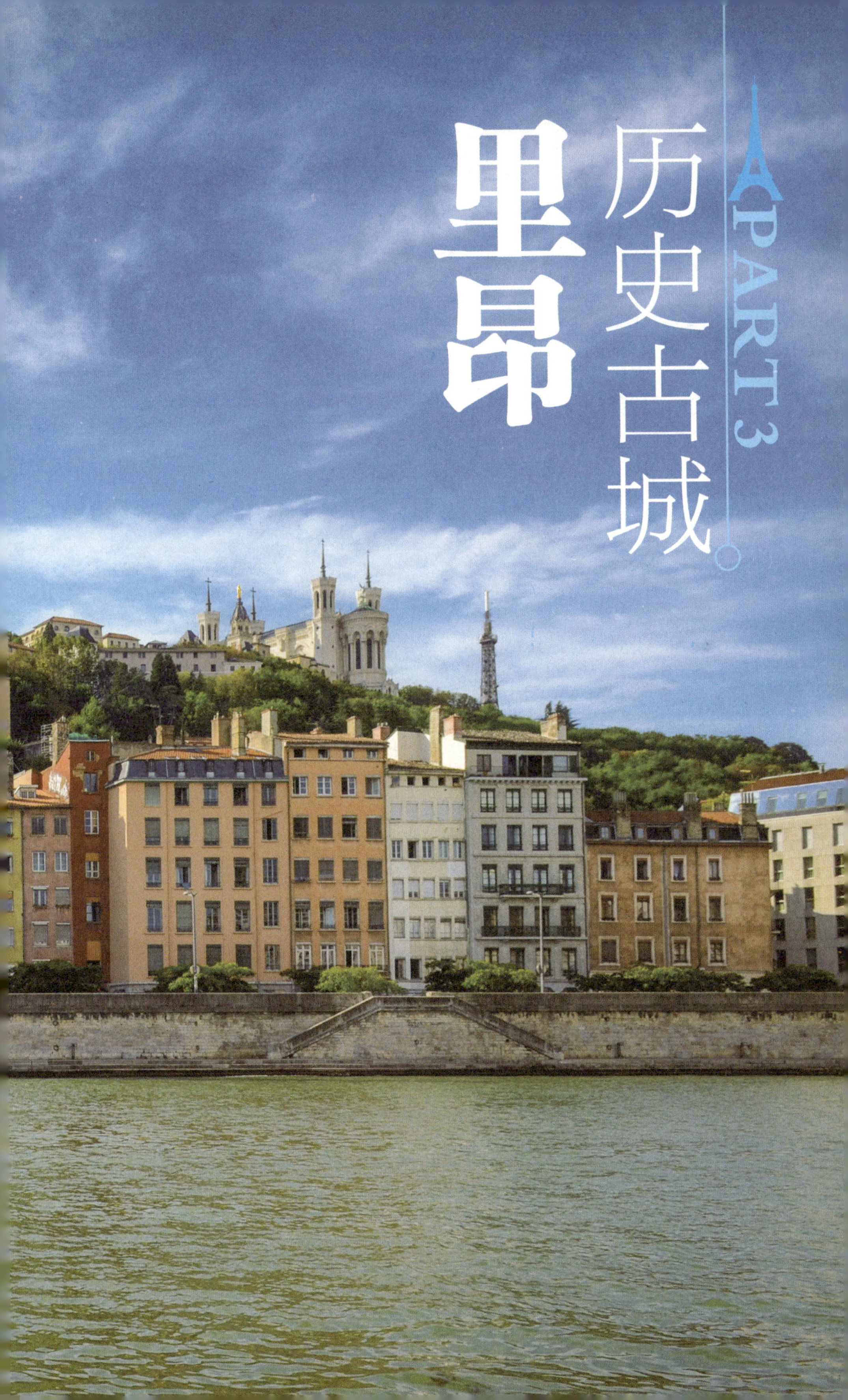

印象里昂

历史悠久的西方丝都

里昂城建于公元前 43 年，是古罗马的一个军事要塞。在奥古斯都统治时期，里昂是史称“高卢三行省”（Three Gauls）区域的中心。15 世纪开始，里昂便是欧洲纺织业重镇，到了 18 世纪中期，城内 40% 的劳动力都是丝绸纺织工，里昂也一跃成为欧洲丝绸之都。这里产的丝绸除了为王室及贵族提供衣料，还是珍贵的室内装饰用料，里昂的丝绸遍布全法最大的城堡和宫殿，包括枫丹白露宫、凡尔赛宫和巴黎城内的卢浮宫。

活力四射的魅力之城

在过去的五百年里，里昂是法国商业、工业以及银行业重镇。如今，里昂是法国的第三大城市。这里无与伦比的博物馆，丰富多彩的文化生活，人头攒动、觥筹交错的夜店，发展迅速的大学和精彩纷呈的商店卖铺，都让这座城市充满了迷人的魅力。敢于尝试的美食家们，则可以在这里实现自己梦寐以求的饕餮梦想。

圣卡米耶教堂
St.Comille
圣罗曼教堂
Eglise St.Romain
韦斯站
Gare de Voise
圣伊丽莎白教堂
Ste.Elisabeth
樱桃公园
Jardin Public La Cerisaie
约瑟夫·日莱滨河大道
Quai Joseph Gillet
代布维尔大道
日里安大道
泰特多尔公园
Parc de la Tete dor
洛朗博讷韦大道 Boulevard Laurent Bonnevay
格拉皮尼埃尔教堂
Eglde la Grappinier
圣家庭教堂
Sta.Famille
Canal de Jonage
布罗托站
Gare des Brotteaux
美术博物馆
Musss Beaux Arts
市政府大厦
Hotel de Ville
文化中心
Centre Culturel
富尔维耶尔圣母教堂
Basilique N.D.de Fourviere
拉法耶特大道 Cours le Favette
Le Rhone
省政府
Prefecture
古罗马剧场
Theatres Romains
区政府
Mairie
让饶勒斯街
Rue Jean Jaures
甘必大道
Cours Gambette
东站
Gare de lEst
纺织博物馆
Mus.des Tissus
托马大道
Cours Albert Thomas
凡尔纳体育场
Stode J.Verne
圣热内维埃夫教堂
Ste.Genevieve
贝特洛大街
Avenue Berthelot
吉约蒂耶尔站
Gare de la Guillotiere
La Saone
秀山公园
Parc Mt.Riant
圣莫里斯教堂
St.Mourive
洛克菲勒大街
Avenue Rockereller
圣樊尚德保罗教堂
St.Vincent-de-Peul
梅尔莫兹大街
Avenue Jean Mermoz
马尔罗学院
College A.Malraux
罗马剧场
Amphitneatre
穆什站
Mouche
维也纳路 Route de Vienne
圣让教堂
St.Jean Apotre
儿童城
Cite de lEnfance
阿尔卑斯山公园
Pare Alpestre
埃尔大街 Av. Tony Garnier
体育场
Stade Municipal
帕里伊公园
Pare de Parilly
沙布里耶尔·阿尔勒公园
Parc Chameres
游乐场
Plaine de Jeux
洛朗·博讷韦大道 Boulevard Laurent Bonnevay
里昂市区示意图

城市速读

里昂（Lyon），法国罗纳—阿尔卑斯大区罗纳省的省会，法国第二大都市区，常被称为“外省首都”。里昂是法国重要的工业城市，机械、电子、重型汽车、计算机等工商业实力雄厚。里昂科教事业发达，是除巴黎之外最重要的教育和文化中心。

里昂是文化与艺术之都，是欧洲文艺复兴时期的名城，是法国的“文化之城”“美食之都”“壁画之都”。里昂还是电影的诞生地，是持续了三个世纪的欧洲丝绸之都，以及二战期间参加抵抗运动的城市。

地理位置

里昂位于法国东南部，坐落在西欧的十字路口，被地中海，大西洋以及东欧地区围绕。罗纳河和索恩河在里昂的南端汇合，两河之间的半岛是里昂的市中心区。半岛北侧的红十字山是传统的丝绸作坊区。里昂地处罗纳河谷和阿尔卑斯诸条干道的交汇点，是重要的交通枢纽，也是沟通北欧和南欧的交通要道。

城市规模

里昂面积 49.75 平方千米，人口 120 多万。里昂由九个区组成，区号标注在每条街的地址之后。里昂老城保存有丰富的历史遗迹，有罗马时代和文艺复兴时期的古建筑，著名的教堂和各种博物馆、玫瑰园的公园都是吸引旅游者的胜地。工业区主要分布在市郊，北部为纺织工业区，南部为化学工业基地，东南部卫星城韦尼雪是重要的汽车工业基地之一。

节日风俗

作为历史悠久的文化名城，里昂这座城市同样有着精彩纷呈的各类节日。富维耶之夜和里昂彩灯节等特色节日不仅是里昂人的庆典，更是游人领略里昂风情的绝佳契机。

富维耶之夜（Nuits de Fourvière）是里昂地区颇为隆重的节日，每年夏季6月至7月底，在富维耶山上的罗马大剧场里举办丰富多彩的节日活动，有歌舞、戏剧、电影、歌剧表演和音乐会等。在古色古香的大剧场里，感受热烈的节日气氛，很有感觉。

里昂彩灯节（Fête des Lumières）原是里昂市民为感谢圣母玛丽亚驱赶瘟疫而举行的宗教节日。在12月8日举行，为期4天。彩灯节时，里昂居民都会在自家窗户外摆放点着的蜡烛，以营造满街烛光的效果。城中的宗教场所也会摆放蜡烛，其中最有名的地点包括富维耶圣母院和沃土广场。每年有超过四百万的游客来到里昂观赏灯光节，为此，近年来不少公共建筑在彩灯节时会设计特殊的灯光效果，以增加节日气氛。

舞蹈双年节（Biennale de la Danse）每逢偶数年才举办，活动时间从9月中旬至10月初，持续一个月左右，届时可以观看到大量优美的舞蹈表演。

文化特色

里昂自古以来就是一座文化之城，15世纪中期，富有的银行家们来到这里，给城市带来了繁华和活跃的气氛，他们中有德国人和意大利人。在欧洲，除了威尼斯，里昂是拥有印刷工人数量最多的城市，在这里的印刷厂里印出了第一本法语书。

里昂有艺术家和作家踊跃参加的文化沙龙，对传播新的文艺思想和理论做出了重要的贡献。这是一座了解自己的辉煌过去并对未来充满信心的城市，它的成功和在全法国经济、艺术领域占有绝对重要的地位。这里特别值得记住的是法国文艺复兴时期作家弗朗西斯·拉伯雷，他从蒙波利埃大学毕业后成为医生，1532年开始发表作品，他的《巨人传》就是在里昂的住所完成的。

最佳季节

里昂气候宜人，四季温和，雨量充沛，年平均气温11℃，无论什么季节都非常适合旅游。从纬度来看，里昂的冬天本来应该非常寒冷，但是实际上并非如此，冬天甚至还相当暖和。如果是夏天前往，可以参与到富维耶之夜的热烈气氛中去，每天晚上在罗马剧场举行的歌舞、戏剧、音乐会等表演让人流连忘返。若是冬天前往，则可以体验里昂彩灯节的风俗。届时，整个城市的夜晚灯火通明，所有历史文化遗址和标志性景点都披上节日的盛装，在灯光的辉映下放射出夺目的光彩。还有那最吸引人的灯光舞台剧表演，精彩纷呈，让人惊叹不已。

银发族出行指南

机场→里昂

目前，北京、上海、广州等城市开通有飞往里昂的航班，但都需要转机，因此飞行时间较长，有的航班甚至需要20多个小时。转机的城市大多是法兰克福、慕尼黑、维也纳等欧洲城市。对于老人来说，先从中国直飞巴黎无疑是明智的选择，因为从巴黎前往里昂会变得十分快捷。

里昂圣埃克絮佩里机场（Aéroport Lyon Saint-Exupéry）位于里昂市中心东方25千米处，是整个罗纳—阿尔卑斯地区的重要交通枢纽。从巴黎飞里昂仅需一个小时，每天约7~8个航班。

里昂机场到市区可以乘坐罗纳河特快车（Le Tram Express Rhonexpress），这也是从里昂机场前往市区的最快捷方式。搭车地点就在机场的TGV火车站内，运营时间5:00~6:00和21:00~0:40，每30分钟一班，车程约30分钟。6:00~21:00时间段内则15分钟一班，票价14欧元，车票可网上订购，或通过机器购票。网络购票网址：www.rhonexpress.fr

出租车停靠站位于第一和第二航站楼，从机场搭乘出租车到市中心大约40分钟，白天车费约45欧元，晚上19:00以后车费约60欧元。

巴黎→里昂

作为法国的重要城市，里昂的交通相当方便。它与首都巴黎有高速列车TGV相连，从巴黎里昂车站、戴高乐机场，都可以乘坐TGV直达里昂，车程2小时。从巴黎乘飞机前往里昂仅需1小时，但相比乘坐飞机要前往郊区，TGV是更加方便的交通方式。法国和欧洲其他国家的许多主要城市也有火车前往里昂，例如里昂、布鲁塞尔、阿姆斯特丹、马德里等城市。

银发族温馨贴士

里昂城市卡（Lyon City Card）：持有里昂城市卡可在有效期内（有效期分1、2、3日）免费、无限次乘坐市内各种公共交通工具，有效期1/2/3日票价分别为21欧元、31欧元、41欧元。

里昂市区

里昂市区的地铁、缆车、电车和公交车等交通系统都由里昂大众运输公司（Transports en Commun Lyonnais，简称LCT）经营，彼此间的交通票券通用，因此相当方便。

地铁：里昂市区有4条地铁线，标志为M，以A、B、C、D四个字母和红、蓝、橘、绿四种颜色区分，沿途有42个地铁站。运营时间大约在5:00~24:00，依各线路略有不同。

公交车：里昂有100多条公交路线，包括电车、公交车以及开往邻近区域的巴士。里昂公交车单程票1.6欧元，2小时自由券2.6欧元，一日券4.9欧元，19:00之后可以不限次使用的夜间自由通票2.6欧元。购票可在地铁站内的售票机、TCL地铁服务处购买，单程票与一日券也可直接上车向巴士司机购买。购买车票一定要用硬币，机器不识别纸币。

电车：里昂市区有4条电车线路，标志为T，以数字1~4区分，颜色为紫色。运营时间在5:00~24:00之间，依各线路略有不同。

出租车：在里昂乘坐出租车最好电话预约，或者也可以前往出租车站点等候。电话预约：04 78 28 23 23。

自行车：里昂公共自行车系统（Vélo' v）为世界上第一座公共自行车系统。里昂城市各处共设有200多个自行车租赁点。游客可在租赁点购买不同类型的自行车票。

缆车：里昂市区有2段缆车线路，标志为F，以数字1、2区分，颜色为浅绿色。F1运营时间在5:20~24:00之间，F2运营时间在6:00~22:00之间。

银发族住宿指南

里昂住宿的地方数不胜数，这里的旅馆数量多，种类全，可以满足不同要求的住宿条件。如果想要住在交通便利的地方，那么市中心的火车站周围是个不错的选择，在培拉休车站周围和从卡诺尔广场到贝尔克尔广场一带，密密麻麻分布着几十家旅馆。

如果喜欢热闹的就住在里昂老城区、半岛区或者红十字区。喜欢安静的话就住在6区附近，或者直接住在富维耶山半山腰处的青年旅舍也是个不错的选择。Guilloti è re 地铁站附近不建议去，人比较杂乱。

庭院酒店 Cour des Loges

酒店由四座14~17世纪的房屋组成，一条蜿蜒的秘密通道将其环绕。酒店有不少保存完好的古式建筑，特别是意大利风格的凉廊，可算酒店之中的雅致之地。酒店的每个房间都是独立设计的，配上满屋的古董玩物，可谓相得益彰。价格：150欧元起。

地址：里昂5区伯夫大道6号

交通：乘坐地铁在里昂老城区站下车步行可达

电话：（33-4）72774444

皇家酒店 Le Royal

里昂皇家酒店自1895年起开始营业，可谓里昂的一张名片。该酒店位于罗纳河与沙隆河之间的市中心。这个地方鲜为人知，非常适合注重生活艺术、喜欢享受低调的高雅奢华的旅行者。置身于其时尚的沙龙，在华贵的家具织物之间，你将收获到里昂的极致体验。价格：150欧元起。

地址：里昂2区贝勒库尔广场20号

交通：乘坐地铁在贝勒库尔站下车后步行可达

电话：（33-4）78375731

巴黎酒店 Hôtel de Paris

这家刚刚完成改造的酒店地处城市中心，交通便捷。酒店房间装饰色彩艳丽，各有主题，颇有几分文艺味道。有些房间的设计灵感来自叛逆不羁的70年代，大胆地将巧克力色和蓝绿色或淡粉色完美结合。价格：60欧元起。

地址：里昂1区 Platière 大街16号

交通：里昂市中心步行可达

电话：（33-4）78280095

养生菜品

里昂的名菜种类繁多，有著名的里昂干红肠（Rosette de Lyon），经白葡萄酒腌渍后煎熟的镶牛肚（tablier de sapeur），玫瑰腊肠等。

里昂风味的 Quenelles，是一种掺有鸡蛋和面包的小块的肉肠或鱼肠。首先鱼做成鱼浆，然后加入鸡蛋、面粉、调味料、水等搅拌均匀，做成一个个橄榄球状的鱼肉丸子，将其煮熟后再配上奶油或是海鲜酱汁，蘸着吃特别可口美味。这种美味既有海鱼的鲜味，而且还有奶酱的醇香味，蛋白质含量高，营养十分丰富。

此外，里昂的乳酪也是世界闻名，种类多达 100 种以上。其中鲜奶酪口感柔和，未完全熟成，水份多且新鲜，柔软中带着乳香。花皮软质奶酪奶香浓郁，口感绵柔细致，颇受欢迎。水洗软质奶酪表皮呈橙红色，口感醇厚。此外还有青纹奶酪、山羊奶酪等，但美食虽好，老年人也应注意不要吃得太多，以免对身体造成不必要的负荷。

银发族养生美食

里昂是法国第二大拥有米其林餐馆的城市，也是美食家的天堂，在法国享有“美食之都”之称。在里昂你可以在最著名的米其林三星餐馆体验到最正宗的鹅肝。你也可以在里昂美食市场寻找到最具特色的里昂土菜。品种多样的奶酪也同样值得品尝。

里昂的餐馆藏龙卧虎，在每个门庭若市的餐馆背后都有一位包罗各种烹饪流派的知名大厨，想必会给你带来难忘的美食体验。

养生功效

里昂著名的奶酪是一种含钙量极高的风味小吃，

奶酪里的钙质十分容易被吸收，而且奶酪中含有的不饱和脂肪可以降低人体的血清胆固醇，能够预防心血管疾病。但是奶酪吃多了不容易消化，因此肠胃不好的人最好少吃。

美食搜街

里昂的美食界，大厨云集，藏龙卧虎。不管是街道上、老城区还是集市里，都有着品尝美食的去处。里昂美食广场（Les Halles de Lyon）、红十字区集市（Croix-Rousse market）都是里昂最具代表性的美食场所。

此外，距离里昂市区较远的保罗•博古斯（Paul-Bocuse）餐厅在里昂颇负盛名，自 1965 年起就一直获得米其林三星的评价。不过既然是传统的米其林三星餐厅，因此花费必然不菲。如果你的预算有限，那么可以去它旗下的五家 Brasserie（餐馆的俗称）品尝美味，它们分布在里昂的东南西北，价格也相对适中。

里昂人文精华二日游

作为法国的历史文化名城，里昂有着数量众多的历史遗迹、博物馆、展览馆。这些都是里昂景点中的精华所在，花费两天时间，就可尽情感受里昂城市的无穷魅力。

游览线路推荐：第一天：富尔维耶圣母教堂—高卢罗马文化博物馆—古罗马大剧场—里昂老城

第二天：红十字山—白莱果广场—里昂市政厅—沃土广场

探访安纳西小城

安纳西（Annecy），被誉为阿尔卑斯山区最美丽的小城，法国人称它为“阿尔卑斯山的阳台”。小城中景观自然，生活悠闲，是适合老年人休闲散心的绝好去处。从里昂乘坐巴士出发，仅需两小时左右即可到达。

游览线路推荐：安纳西城堡—岛宫—安纳西皇家公园—爱情桥—安纳西湖

银发族
行程安排

探一探

参考信息

里昂市中心，白莱果广场

搭乘地铁A、D线到Bellecour站下即可到达

免费

全天开放

白莱果广场 Place Bellecour

位于里昂市中心的白莱果广场，一度被称为皇家广场。它与一般的城市中心广场不一样的是，白莱果广场的地面全部是由红土铺成，色彩大胆艳丽，给人留下深刻的印象。广场的红色调也与里昂旧城建筑的红屋顶极为和谐。白莱果广场上唯一的点缀，是矗立着的一座路易十四骑马雕像，这是里昂诞生的雕塑家卢蒙的作品。

银发族温馨贴士

白莱果广场曾是19世纪中期里昂纺织工人暴动的重要舞台，如今广场周围林立着19世纪初建造的楼房、花店，以及咖啡座和餐馆等，是市民的绝佳休憩场所。广场东南面坐落着的装饰艺术博物馆，藏品种类繁多，也非常值得一看。

富维耶圣母教堂 Basilique Notre Dame de Fourvière

高耸在富维耶山上的圣母教堂是里昂的代表性建筑，建于 1872 年。教堂外观由大理石装饰，融合了罗马和拜占庭的风格，建筑内部装饰有精美的马赛克镶嵌画和壁画，彩色的玻璃窗花十分华丽。

教堂有四个主塔和一个钟楼，顶部的圣母镀金雕像在阳光下美轮美奂，闪耀着光芒，有杰出的艺术价值。站在富维耶教堂左侧的平台上，可以轻松俯瞰里昂全景，一望无际的红瓦屋顶，犹如片片红云，给人的印象十分深刻。

参考信息

- 里昂 5 区富维耶广场
- （33-4）78251301
- 从里昂旧城的 Vienx Lyon 缆车站乘坐缆车至 Fourvière 站下车可直达教堂
- 免费
- 8:00~19:00

银发族温馨贴士

圣母院的两侧可以俯瞰里昂全城，但早上是逆光，并不适合拍照，如果想拍到美丽的里昂俯瞰照，可以等到黄昏时候前往。

里昂美术馆 Musée des Beaux-Arts

里昂美术馆是法国最重要的美术馆之一，位于里昂市区中心，前身为圣皮埃尔（Saint Pierre）女子修道院。馆内收集、展出了从古至今众多的精品雕像和绘画作品，其中不乏鲁本斯、莫奈、毕加索等名家之作。里昂美术馆的清理、修复用了大量资金和漫长的时间，重新开馆后，馆内新添了四十幅印象派画家和现代派画家的作品，加上原有的无数艺术藏品，使它一跃成为全法国仅次于卢浮宫的重要博物馆。

参考信息

- 里昂市区中心德侯广场 20 号
- （33-4）72101740
- 搭乘地铁 A、C 线到 Hôtel de Ville-Louis Pradel 下车可到达
- 7 欧元
- 周一、周三、周四、周六 10:00~18:00；周五 10:30~18:00；17:30 停止售票

里昂人壁画 Fresque des Lyonnais

参考信息

- 索恩河畔一座七层老楼房的墙面上
- 搭乘地铁 A、C 线，在 Hôtel de Ville - Louis Pradel 站下，向西往索恩河步行可到达
- 免费
- 全天开放

索恩河畔一座七层老楼房的墙面上，有一幅面积达 800 平方米的 3D 立体壁画。壁画描绘了 20 多位世界著名的里昂“老乡”，他们中有宗教人士、科学家、艺术家等，有的分散站在画中的露台上，有的靠在房间打开的窗户边，生动地描绘了他们的日常生活状态。这就是著名的“里昂人壁画”。

如果有兴趣细细观看，你可以试着去找找织布机的发明者约瑟夫•雅卡尔（Joseph Jacquard）、明星大厨保罗•博古斯（Paul Bocuse），还有“小王子”和他的作者安东尼•德•圣埃克苏佩里（Antoine de St-Exupéry）。巨幅的城市壁画除了供游客观赏，也是拍照合影的好地方。

历史印记

观一观

圣让首席大教堂 Cathédrale St-Jean

圣让首席大教堂位于索恩河畔，于公元 1180 年开始建造，建造时间长达三个世纪。这座教堂兼具罗曼和哥特式风格，并不算特别宏伟，但胜在资格老、地位高。据说，里昂大主教享有首席大主教的地位，因而他的座堂便冠以首席大教堂的名称。

参考信息

- 里昂圣让广场 8 号
- （33-4）78422825
- 乘地铁 D 线在 Saint-Jean 下车即可到达
- 免费参观
- 08:00~12:00、14:00~19:00

银发族温馨贴士

来到大教堂一定不能错过教堂北侧耳堂的天文钟，该钟会在每天正午 12:00、14:00、15:00 和 16:00 准时响起，届时还可以看到钟内的小人们奉上的精彩表演。

历史链接

圣让首席大教堂曾经见证了无数重要的历史事件，这里是教皇约翰二十二世（Pope John XXII）的加冕之地，这里也曾欢庆过国王亨利四世（Henri IV）与皇后玛丽·德·美第奇（Marie de Médicis）的盛大婚典，这些都是当地市民至今仍津津乐道的荣耀事迹。

嘎达涅博物馆 Musée Gadagne

参考信息

- 里昂老城区佩蒂特广场 1 号
- （33-4）78420361
- 地铁 D 线到 Vieux Lyon 下车
- 两个博物馆通票 8 欧元，单馆门票 6 欧元
- 周三至周日 11:00~18:30

嘎达涅博物馆坐落在老城区的中心，博物馆所在的建筑，原为 16 世纪的佛罗伦萨银行家的豪宅。现在的博物馆包括两个部分：其一是里昂城市历史博物馆（Musée d' Histoire de Lyon），该馆记录了伴随着丝绸纺织业、电影业和运输业的发展，里昂城市格局的变化，是很好的地方性历史博物馆。

另外一个是木偶博物馆（Musée des Marionnettes du Monde），该馆是为了纪念里昂标志性的玩偶吉尼奥尔而建，博物馆内收集了世界各地的木偶，参观后可以在博物馆的花园内小憩一下，悠闲地喝杯咖啡，细细感受一下这个有着悠久历史的城市的独特韵味。

古罗马大剧场 Théâtre Romain

参考信息

- 里昂 L' antiquaille 街 6 号
- （33-4）72387742
- 乘坐上山索道 Funiculaire 到 Minimes 站下车
- 免费

古罗马大剧场是法国最古老的剧场之一，始建于公元前 1 世纪，后于公元 120 年扩建。古罗马大剧场拥有一大一小两个半圆形剧场，至今仍然保存完好。剧场可以容纳一万名观众，如今，里昂的考古学者几经研究，重建了当时可以增进音响效果的舞台结构，它不仅仅是供游客参观的文物遗产，还成了举办大型音乐会、演奏会、歌剧等表演的演出场所。

高卢罗马博物馆 musée de la Civilisation Gallo-Romaine

参考信息

- 里昂克莱伯街 17 号
- （33-4）72384930
- www.musees-gallo-romains.com
- 乘坐地铁 D 线到 Vieux Lyon 站下车
- 4 欧元，周四免票
- 周二至周日 10:00~18:00，周一闭馆

高卢罗马博物馆是在考古遗址上建成的博物馆，建于 19 世纪，是里昂的重要观光点。它依山势而建，设计独特，极富创造力。

馆内收藏了大量高卢的考古珍品，有丰富的雕像、镶嵌书、硬币及碑文收藏，勾勒出里昂在罗马时期的景象。透过馆内的玻璃墙可以看到古罗马大剧场，馆内的立体模型再现了 2000 年前剧场的原貌。

瞧一瞧

沃土广场 Place des Terreaux

沃土广场位于半岛区（索恩河和罗纳河之间），堪称里昂的心脏。广场中央是一座建于 19 世纪的艺术喷泉。喷泉的雕塑由 12 吨钢铁铸成，是自由女神像的创作者巴托尔迪（Bartholdi）的作品。

雕塑描绘了四匹身拉双轮战车的骏马，象征着奔腾入海的河流。广场前是建于 1655 年的里昂市政大厅，南侧是里昂美术馆，广场地面铺有几十处花岗岩喷泉喷水口，水柱时喷时歇，宛如一片水柱森林，旁边经常有疯玩的孩童身影。

参考信息

- 里昂索恩河和罗纳河之间的沃土广场
- 乘坐地铁 A、C 线在 Hôtel de Ville 站下可以到达
- 免费
- 全天开放

金头公园 Parc de la Tête d'Or

金头公园是里昂的一座城市公园，占地 117 平方千米，是里昂面积最大的绿地，也是全法国最大最美的公园之一。公园建于 19 世纪 60 年代，由德尼 • 布勒与欧仁 • 布勒设计，和纽约的中央公园是同一时期的建筑。

公园内设有大型植物园、种有异国植物的温室、小型动物园以及让人惊艳的玫瑰花园。公园共有七个入口处，其中令人印象最深刻的，是名为“隆河之童”（EnfantsduRhone）的入口，大门设计独特，开放在湖面之上。

参考信息

- 里昂 6 区贝尔热大道
- （33-4）72694760
- 搭乘地铁 A 线到 Masséna 站下
- 免费参观
- 4 月至 9 月 6:00~23:00，10 月至来年 3 月 6:00~21:00

银发族温馨贴士

园内有许多休闲设施，包括划船、迷你球场、敞篷车游园和小火车游览等。如果不想玩耍，悠闲地漫步或在草坪上休憩，也是十分惬意。

里昂市政厅 City Hall

里昂市政厅建于 17 世纪中期，由西蒙 • 莫平（Simon Maupin）设计，可以说是法国最美的建筑之一，也是里昂最人性化的大型建筑。里昂市政厅部分建筑于 1674 年的大火中遭到毁坏，重建后的市政厅外部以意大利风格的雕像和圆顶装饰，内部是巴洛克式的建筑风格，装饰非常奢华。市政厅中庭矗立着国王亨利四世（法国波旁王朝首位君主）的骑马塑像，环

参考信息

- 里昂喜剧广场 1 号
- （33-4）72103030
- www.lyon.fr
- 乘坐地铁 A、C 线到 Hôtel de Ville-Louis Pradel 下车即可到达
- 免费
- 全天开放

银发族温馨贴士

里昂市政厅内部许多华丽的厅廊都面向大众开放，其中最著名的是大沙龙（Grand Salon），厅中巨大的楼梯也不应错过。当中放置着三座17世纪的大钟和一座20世纪欧洲著名的乐器钟，都值得游人细细观摩。

绕中庭的三层拱门建筑和高大的钟楼，造型古典优雅，十分美观。

里昂歌剧院 Opéra de Lyon

里昂歌剧院建于1831年，历史悠久，为新古典主义风格，后来又于1993年由法国著名建筑师让•努维尔（Jean Nouvel）设计翻新。重新改造之后的歌剧院内部空间比之前大了两倍，其最高处半圆柱形的玻璃穹顶被誉为神来之笔，呈现出圆顶玻璃结构的上部构造，将透明度的观念转化在建筑物上来，整体外观颇具现代感。来到里昂歌剧院除了欣赏精彩的歌剧表演外，更可欣赏到特殊的建筑之美。

参考信息

- 里昂喜剧广场1号，里昂市政厅旁边
- （33-4）72004500
- www.opera-lyon.com
- 乘坐地铁A线至Hôtel de Ville-Louis Pradel，出站即可到达
- 外部参观免费，内部演出价目不等，详情可电话或上网咨询
- 内部平日不开放，外部可任意参观

银发族温馨贴士

里昂的艺术博物馆，市政厅和歌剧院都在一起，可以集中游览。在那里可以坐在喷泉边休息、沐浴阳光。也可以安逸地坐在旁边的咖啡厅喝咖啡，看着来往的人群，十分惬意。

逛一逛

时尚购物

参考信息

📍里昂天主区火车站（Gare de Lyon-Part-Dieu）对面

📞（33-4）72606062

🚌 乘坐地铁 B 线至 Part-Dieu 站下车步行 10 分钟可到达

天主区商业中心
Centre Commercial la Part-Dieu

天主区商业中心临近天主区火车站，这里是里昂最大的室内购物中心之一。品类繁多的店铺，从衣服到电器再到超市可说是应有尽有，其中有很多的平价商品，物美价廉，深受当地人以及游客的喜爱。还有法国著名的老佛爷百货（Galeries Lafayette）。

参考信息

📍里昂卡纳尔大街 1 号

🚌 搭乘地铁 A 线到 Masséna 站下，步行可到达

里昂跳蚤市场
Communauté Emmaüs de Lyon

位于 Villeurbanne 的跳蚤市场，是里昂最大、最便宜的旧货市场。从可以装在口袋里带走的陈年精品葡萄酒到古旧家具，在这里都不难寻到。

这里就像一个巨大的百宝箱，购物氛围轻松闲适。你可以穿梭于无所不卖的小杂货摊之间，与卖主像老朋友般一边闲聊，一边还价。就算买卖没成，只是对货物品评一番，摊主也会笑逐颜开。总而言之，这里是收藏爱好者的好去处，也是游客淘宝的好地方。

里昂周边
斯特拉斯堡

印象斯特拉斯堡

风韵独存的浪漫之城

斯特拉斯堡充满浓郁的欧洲风情，市内到处是著名的游览景点，风景迷人。当地的运河之上，桥梁纵横交错，沿途都是青褐色屋顶、黑木条搭建的旧式房屋，古意盎然。窗台上的花朵迎风招展，来往的游船划过，水面上波光粼粼的一片和谐与浪漫之感。在这里，无论是在石板道上散步，还是乘船畅游运河，都会觉得十分惬意。

历史悠久的遗产之城

漫步在斯特拉斯堡，除了可以浏览迷人的风景，还能够看到它所展现出的丰富历史文化内涵。市区内遍布着中世纪的各色教堂、博物馆和盖顶桥。这些绝妙的古老建筑与众多的运河桥梁、广场和悠长的小巷，共同体现着这座城市悠远的古老文明。1988 年 12 月，斯特拉斯堡古城被列入世界历史文化遗产名录，这也是对其悠久历史文明的最大认可。

地理位置

斯特拉斯堡地处法国国土东端，莱茵河畔，与德国隔河相望。城区西傍孚日山脉，东临德国黑森林，以小法兰西（Petite France）为中心，向四个方向均有发展。东部靠近莱茵河地带为物流和工业区；西侧和北侧以普通居民住宅为主；南侧则为科教文化区。

城市规模

斯特拉斯堡市区面积 78 平方千米，人口约 27 万。而根据 2015 年法国最新行政区划方案，新的斯特拉斯堡地区共包括 10 个完整的区县（Canton）以及 1 个区县的部分市镇（Commune），总面积达到 330 多平方千米，总人口 47 多万人。此外，法国和德国还成立了一个跨莱茵河的欧洲区，包括大斯特拉斯堡地区和巴登 - 符腾堡州的奥特瑙县，设立了一些共同的管理部门，该地区的总人口为 86 万人。

最佳季节

斯特拉斯堡是法国本土距离海洋最远的城市之一，但仍然受到来自大西洋气流的影响，不过这里的大陆性更为明显，属于非典型性的温带海洋性气候。

斯特拉斯堡气候温和，冬无严寒，夏无酷暑，可以说是世界上最适合旅游的城市之一。这里夏季平均气温 22℃，最高温不超过 26℃；冬季平均气温 6℃，最低不超过 2℃；春秋季节多雨，不过降雨量不多，空气湿润温和，十分宜人。再加上其位于伊尔河注入莱茵河的绝佳地理位置，风景优美，一年四季都可以

城市速读

斯特拉斯堡（Strasbourg）是法国阿尔萨斯大区首府，下莱茵省的省会，也是法国第七大城市和最大的边境城市。斯特拉斯堡至 19 世纪中期开始，逐渐成为德法两国长期争夺的焦点。二战后，因其得天独厚的地理优势，使得欧洲议会、欧洲委员会、欧洲人权法院等多个欧盟组织均在这里设立总部。现代化的欧洲办公大楼前面插满了欧盟国家的旗帜，迎风飘扬，赋予斯特拉斯堡不同于其他欧洲城市的风采，它也因此被誉为“欧洲第二首都”。

成为游览的最佳时间。

节日风俗

无论是短暂旅行或者长久停留，斯特拉斯堡从来不缺游玩的地方。这里丰富的艺术表演和文化活动，能够满足不同品位的游客。

斯特拉斯堡音乐和戏剧方面有着一批优秀的，在国际上获得声誉的机构。斯特拉斯堡爱乐乐团管弦乐队、斯特拉斯堡国家剧院以及斯特拉斯堡打击乐团等，这里每年还举行古典音乐节和现代音乐节。

始于 16 世纪的斯特拉斯堡圣诞市场（Marché de Noel）可谓久负盛名，是欧洲著名的圣诞市场之一，吸引着无数游人的脚步。喝热香料葡萄酒，吃圣诞饼干，圣诞老人载着孩子们在村庄奔驰，这些都是圣诞市场众多精彩活动的一部分，流连在市场中，人们既可以欣赏到众多艺术家的现场表演，也可以品尝到传统的阿尔萨斯美食，当然还可以寻觅到称心的圣诞礼物。这些活动从 11 月的最后一个周日一直持续到 12 月 31 日。

文化特色

历史上，斯特拉斯堡处于多个民族活动范围的重合地带。从最初的凯尔特人，再到高卢、日耳曼以及后来的法兰克，这些民族都在斯特拉斯堡留下了深刻的印迹。

斯特拉斯堡目前属于法国领土，但是在历史上，位于德法边境的斯特拉斯堡由于战争，其主权在德法之间数度易手，直到 1944 年才重归法国，成为欧洲两大民族恩恩怨怨的见证。也正是这个原因，斯特拉斯

堡在语言和文化上兼有法国和德国的特点，本来彼此相邻却又泾渭分明的德意志和法兰西两个民族的文化在这里难得地融合在一起。

斯特拉斯堡的历史名人，德国人古登堡，他在1434年定居这里生活的十多年间，发明了金属活字印刷术，开创了欧洲印刷业的新纪元，并为传播人类进步思想起到了积极的作用。1792年，一名才华横溢的年轻军官在这里创作了《莱茵军团战歌》，后来由进军巴黎的马赛军团将这首曲子带进首都，最后成为法国国歌。

正是由于的这种双重文化特色，使得斯特拉斯堡成为战后欧州委员会、欧洲议会、欧洲人权法院等重要组织设立总部的首选之地。

银发族出行指南

机场→斯特拉斯堡

目前，北京、上海、广州等城市开通有飞往斯特拉斯堡的航班，但都需要转机，飞行时间最短的也需要16小时左右。转机的城市主要是巴黎、阿姆斯特丹。

斯特拉斯堡国际机场（Aéroport International de Strasbourg）是法国东部重要的航空枢纽之一。位于斯特拉斯堡市区西南10千米处，靠近小镇恩茨海姆（Entzheim）。这里起飞的航班连接斯特拉斯堡和欧洲城市，包括阿姆斯特丹、马德里、维也纳及法国本土，例如巴黎、尼斯、里昂等城市。

从机场可乘坐TER列车前往火车站，票价3.8欧元，行程9分钟，每小时4班车。持车票可以继续乘坐有轨电车前往市中心。

斯特拉斯堡市区

公交车：斯特拉斯堡拥有数十条公交线路，但几乎都不经过大岛（Grande île），大部分线路运营至

23:00。周五和周六，夜间公交车从 23:30 开始，运营至次日 5:30。公交车和有轨电车的通用车票可在公交车司机和有轨电车车站售票处购买，单程 1.6 欧元，24 小时通票 Individuel 票价 4 欧元，在游客办公室和有轨电车车站购买。

有轨电车：斯特拉斯堡拥有五条有轨电车线路（A、B、C、D、E），由 CTS 运营，连接城市各个部分，构成了斯特拉斯堡公共交通网络的骨干。有轨电车通常运营时间从早上 4:30 运行至次日凌晨 00:30，其主要枢纽是 Homme de Fer。

出租车：乘坐出租车也是游览城市景点的一个可参考方式，不过，斯特拉斯堡是一座布局紧凑的城市，在市中心步行才是最好的游览方式，因为大多数旅游景点都聚集在市中心地区，所以乘坐出租车更适合沿城市外围游览。

自行车：斯特拉斯堡有着庞大且不断扩展的自行车网络，在自行车规划方面居于世界领先水平。该城 24 小时的自助租赁系统 Vélhop 为人们提供自行车租赁服务，每小时 1 欧元，租一天的话 5 欧元，刷卡付费，全城有包括市中心（3 rue d' Or）、火车站（Gare Centrale）在内的共十多个自助租赁点和分支结构。

游船：如果您想非常悠闲地欣赏斯特拉斯堡美景，可以在大教堂附近的伊尔河畔搭乘游船。时间大约是 1 个小时，沿途可以看尽斯特拉斯堡旧城区的古朴及欧洲议会建筑的现代感及国际感。

银发族住宿指南

斯特拉斯堡拥有各类宾馆和酒店，价格不等，但环境和服务大多不错，主要集中在公园和教堂等景点附近，方便游客参观游玩。但是每逢欧洲议会开会期间的周一至周四，想要临时找一间客房会变得十分困难。12 月份前往也需要提前约定房间，因为此时正赶

上圣诞市场。游客办公室可以提供当日空房参考，如果你前去咨询，他们也很乐意帮你订房间。

小法兰西雷臻佩蒂酒店 Hôtel Régent Petite France

该酒店曾经是一家制冰厂，如今是斯特拉斯堡最热门的设计酒店。外面的水岸建筑十分古朴，内部则布置得很时尚。酒店每间带浴室的客房均拥有自己的特色，并提供设计师家具。所有客房均俯瞰旧城区或河流，客人可以选择在休息室享用自助早餐或在自己的客房内享用欧陆式早餐。价格：150 欧元起。

地址: 穆兰大道 5 号

交通: 斯特拉斯堡火车站步行 15 分钟即到

电话:（33-3）88764343

乌鸦庭院 Cour du Corbeau

这家精品酒店位于斯特拉斯堡的中心地区，客人步行一会儿即可到达大教堂。这栋 16 世纪的小酒店转变而来的酒店，客房都围绕着庭院，融合了法国原味情调，还有现代化的设备。价格：190 欧元起。

地址: 凯普特大道 6-8

交通: 乘火车在 GARE TGV 火车站下车步行可达

电话:（33-3）90002626

银发族养生美食

斯特拉斯堡是一座美食之都，当地的鹅肝酱、阿尔萨斯葡萄酒、巧克力和烧酒诱惑着来自世界各地追寻美食的人。斯特拉斯堡当地的餐馆数量非常多，除了可以尝到地道的法国大餐外，还可以吃到意大利、日本、泰国等异国风味，当然也可以尝到中国菜。

美食菜品

鹅肝酱（foie gras）：斯特拉斯堡最具特色的美食便是闻名全球的鹅肝酱，据说这道菜是一位名叫吉恩•皮埃尔•克劳斯的厨师，于路易十六时期在斯特拉斯堡发明出来的，他创造出了以面饼外壳包裹鹅肝的新吃法。现在，已经有超过 40 种不同的鹅肝酱调料在市面上销售，其中 Boutique Edouard Artzner 是斯特拉斯堡最有名的鹅肝专卖店。

焖肉（Baeckeoffe）：斯特拉斯堡的人酷爱肉食，以至于当地方言中会说“尊贵的猪”来表达他们对美味猪肉的强烈热爱。Baeckeoffe 是每个主妇都会做的一道佳肴，先把猪肉、牛肉和羊肉混在一起，用葡萄酒炖上两天，等汁水收干时夹入一层层的土豆中，送入炉中烤制，吃起来香滑适口，惬意享受。

阿尔萨斯葡萄酒：阿尔萨斯葡萄酒不以产地命名，而是以酿酒所用的葡萄名字命名。最负盛名的白葡萄酒种除了迷人的雷司令（Riesling），还有慕斯卡（Muscat）、灰皮诺（Pinot Gris）、格乌兹塔明那（Gewurztraminer）、希尔瓦那（Sylvaner）。黑皮诺（Pinot

Noir）是唯一的红葡萄酒种。阿尔萨斯葡萄酒通常都被装在一种被称作“阿尔萨斯高脚瓶”的瓶子里出售。

烤薄饼（tarte flambée）：几乎每家都会做的一道特色美食，模样看起来像比萨，但要薄得多，将发酵的面团擀成极薄的饼皮，涂上一层酸奶油，撒上洋葱丝和火腿末后上火烤制。出炉以后，喷香四溢，香脆可口。

美食搜街

斯特拉斯堡最好的餐厅大多在大岛附近，你可以去运河畔的小法兰西体验阿尔萨斯食物和木架屋的浪漫；在 Grand' Rue 的路边，品尝土耳其烤肉和阿尔萨斯烤薄饼。或者前往 rue des Veaux 街或 rue des Pucelles 街上的小吃店寻觅当地风味小吃。

银发族行程安排

斯特拉斯堡休闲漫游

斯特拉斯堡被称为欧洲议会之都，可参观的景点众多，建议花两天时间在这座集合了传统、现代与国际的城市仔细游览。

游览路线推荐：

第一天：罗昂宫—斯特拉斯堡大教堂—古登堡广场

第二天：小法兰西—沃邦拦河坝—现当代美术馆

闲逛斯特拉斯堡周边

从斯特拉斯堡出发，乘坐火车仅需 30 分钟车程即可到达阿尔萨斯葡萄酒之都——科尔马尔（Colmar），这里老城区小巷纵横交错的中心区，让人油然而生一种穿越回中世纪的错觉。被粉刷成五颜六色的木架屋挤在鹅卵石小路边，运河上桥梁林立，让人眼花缭乱，这里宏伟的教堂和博物馆更是记载了科尔马尔的辉煌过去，值得好好寻觅一番。

游览路线推荐： 小威尼斯区—巴托尔迪博物馆—圣马蒂厄教堂—安特林登博物馆

探一探 城市风貌

参考信息

斯特拉斯堡大教堂广场

（33-3）88214334

乘坐有轨电车A线或D线，在Langstross站下车，步行150米即可到达

教堂无需门票，参观天文钟2欧元，天台5欧元

7:00~19:00

斯特拉斯堡大教堂
Cathedrale Notre-Dame de Strasbourg

斯特拉斯堡大教堂坐落于城市中心，历经260多年竣工完成，是中世纪最重要的历史建筑之一，也是欧洲著名的哥特式教堂。教堂整体用孚日山的粉红色砂岩石料筑成，正面顶上，一边是一座高142米的尖塔，另一边却只有一座平台。这里原本应该是一座对称的尖塔，但由于当时财力有限没有建造起来，如今反而成了它的特色，斯特拉斯堡大教堂也因此而极负盛名。

在阳光灿烂的日子，大教堂的彩色玻璃窗——特别是西门上方的玫瑰窗，会像宝石一样散发光芒。教堂内有一座高大的天文钟，每隔15分钟有儿童、青年、壮年及老年代表人生4个阶段的机械人出现，每一整点还有提着板斧的死神出来报时。到中午12点30分鸣钟报时之际，会有众多的人物木雕轮流出场，带来引人注目、生动活泼的场面。

银发族温馨贴士

教堂内一座螺旋楼梯通向立面上方66米高的天台，塔楼及其哥特式镂空尖顶耸立在天台上方。登上塔顶，可以将全城秀丽的景致及壮丽的森林、山脉尽收眼底，一览无余。

小法兰西 Petite France

小法兰西是斯特拉斯堡市内著名游览景点，处在一片纵横交错的狭窄小巷、运河和水闸之间，风景迷人。走进小法兰西，你会发现一片地区布满中世纪木桁架房屋和巴洛克风格的砂岩建筑中，桥梁纵横交错，沿途都是褐色屋顶和外墙用黑木条搭建的古旧房屋，古意盎然。

小法兰西在中世纪时是艺术家进行交易的地方，桁架结构的木屋和夏天发芽的大片红色天竺葵以及河边的公园都吸引了成群的人们前来游览。

参考信息

- 斯特拉斯堡市伊尔河河岸边
- 乘坐有轨电车A线或者D线，在Grand Rue站下车，沿着河边的Quai Turckheim步行约400米即可到达
- 免费参观
- 全天开放

银发族温馨贴士

小法兰西在二战时遭到了严重的破坏，重建后该地区仍然保留了阿尔萨斯的氛围和魅力，特别是在清晨和傍晚，站在最适合拍摄的廊桥（Ponts Couverts）及其建于13世纪的三座塔上，饱览伊尔河的美景，十分惬意自在。

大岛 Grande Île

大岛是斯特拉斯堡的老城区，在这个不大的区域内，曲折的小路和大岛广场周围林立的咖啡馆之间，汇集了众多著名的古迹建筑，包括主教堂、四个古代教堂和罗昂宫（主教们以前的住所）等，历史感无处不在。

大岛曾经是斯特拉斯堡城市的中心，这里遗留的众多古建筑让它看起来仍旧像一座中世纪城镇，如今它已被联合国教科文组织认定为世界遗产，老城区蜿蜒的街道、美丽的广场和壮丽的教堂对于那些漫无目的闲逛的人来说就是天堂。这里充斥着餐厅和商店，每当夜晚的灯光亮起，街头巷尾又会表现出别样的热烈氛围。

参考信息

- 斯特拉斯堡老城区大岛地区
- 乘坐有轨电车A线或D线即可到达
- 免费参观
- 全天开放

瞧一瞧

建筑格调

参考信息

斯特拉斯堡普兰当街

乘坐E线有轨电车，在Parlement Européen站下车，步行200米到达

外部免费参观

欧洲议会中心 European Parliament

欧盟在斯特拉斯堡设立的众多国际组织总部之一，其大厦主体由不锈钢和玻璃构成，是一座宏伟的现代化建筑。议会大厦紧邻伊尔河，风景宜人，加上处处弥漫的花香和欧洲议会的名气，让人不虚此行。

知识链接欧洲议会

虽然欧盟的两个行政机关欧盟委员会和欧洲理事会都设在比利时布鲁塞尔，但《阿姆斯特丹条约》规定欧洲议会每月必须在法国斯特拉斯堡召开一次会议。但实际上，几乎所有的立法准备工作和议会委员会会议都在布鲁塞尔举行。议会每月只在斯特拉斯堡开4天会，举行常规会议和最终的投票工作，其他所有会议都在布鲁塞尔举行。

沃邦拦河坝 Barrage Vauban

沃邦拦河坝位于小法兰西内的伊尔河上，兴建于17世纪末，设计者是法国著名的军事工程师塞巴斯蒂安·勒普雷斯特雷·德·沃邦，拦河坝也因他而得名。最初建造沃邦拦河坝时有两个目的，一是用来控制流经的河水，另外一方面是作为防御堡垒抵抗外侵。

沃邦拦河坝造型异常美观，表面刻有雕塑，共有三层，最底层的拱形设计供水流通过，上部两层有朝向周边的拱形窗，顶部设有观景平台。

参考信息

- 法兰西内的伊尔河上
- 乘坐有轨电车A线或D线，在Langstross站下车，沿着河边的Quai Turckheim荫道步行约400米即可到达
- 免费
- 全天开放

银发族温馨贴士

河坝周边自然风景优美，游客可以选择登上顶部的观景平台眺望远方的美景，也可以选择乘船近距离地欣赏河坝精湛的建造工艺。到了晚上，在通明的灯光衬托下，整个沃邦河坝又会被装点得金碧辉煌。

古登堡广场 Place Gutenberg

古登堡广场位于斯特拉斯堡的中心岛上，广场以西方活版印刷术的发明者约翰内斯·古登堡（Gutenberg）的名字命名，在广场上还矗立着一座古登堡的雕像。印刷术的发明为斯特拉斯堡带来了繁荣，在15至16世纪时，这里是欧洲出版业的中心之一，并且直到现在，广场上还会定期举行书市。此外，广场上还设有双层旋转木马，周围尽是色彩缤纷的建筑。广场上文艺复兴风格的商业大厅（Chambre de Commerce）也非常值得一看。

参考信息

- 斯特拉斯堡的中心岛上
- 乘坐有轨电车A线或D线，在Grand Rue站下车后步行约200米到达
- 免费
- 全天开放

参考信息

斯特拉斯堡古登堡广场

（33-3）88609090

乘坐 6 路、30 路、72 路公交车在 Orangerie 站下车，再步行 450 米到达

免费

全天开放

橘园 Parc de l'Orangerie

橘园不是果园，而是斯特拉斯堡市内最大的市民公园。1803 年，为了迎接柏克斯威利城堡赠送的 100 棵橘树，斯特拉斯堡市政当局修建了橘园。公园最初完全是按照法国园林风格设计的。橘园内的主要道路就是出自凡尔赛宫的设计者之手。橘园落成时，拿破仑的皇后约瑟芬专程赶来主持落成典礼，公园中央的宫殿还被命名为约瑟芬宫。

橘园在落成以后的几十年里又进行了多次改扩建，面积也不断扩大。约瑟芬宫的西北部分被改建成了英格兰园林风格，大片的碧绿草地，随意散落各处的奇花异木，在绿草和树丛中蜿蜒向前的小道，还有新建的池塘、假山，使得公园的这一角成了都市里一片充满诗意的浪漫田园。

罗昂宫 Palais de Rohan

罗昂宫素有“小凡尔赛”的美誉，这座外观豪华的18世纪居所，建造于1732年至1742年间，为斯特拉斯堡当时的大主教所修建，被称为“凡尔赛宫的缩影”，国王路易十五曾经在这里居住过一段时间。

现在的罗昂宫由三个博物馆和一个美术馆组成。地下室是考古学博物馆（Musée Archéo-logique），收藏有旧石器时代一直到公元800年的文物。一楼是艺术装饰博物馆（Musée des Arts Décoratifs），里面收藏有红衣主教曾经居住的豪华套间（曾经作为路易十五的客房）和一些珍贵的时钟和瓷器。美术馆（Musée des Beaux-Arts）在二楼，收藏了从中世纪到19世纪的欧洲绘画。

参考信息

- 斯特拉斯堡城堡广场2号
- （33-3）88525000
- 乘坐14路或24路公交车在Ancienne Douane站下车，再步行大约200米即可到达
- ¥ 6欧元
- 周三至周一10:00~18:00，周二休馆

现当代艺术馆 Musée d'Art Moderne et Contemporain

斯特拉斯堡现当代艺术馆是一座醒目的玻璃钢立方建筑，该馆自1998年开馆以来就吸引了世界无数艺术家和爱好者的目光。这里的现代艺术品馆藏极为丰

富，其中包括：古斯塔夫•多雷（Gustave Doré）、让•阿尔普（Jean Arp）、马克斯•恩斯特（Max Ernst）、瓦西里•康定斯基（Vassily Kandinsky）等诸多大师的杰作，博物馆内的图书馆更是热爱艺术者不可错过的地方。如果逛累了，馆内的餐厅也是个满足你视觉和味觉双重享受的理想选择。

参考信息

斯特拉斯堡让•阿尔普广场

乘坐有轨电车 A 线或者 D 线，在 Grand Rue 站下车，沿着河边的 Quai Turckheim 步行约 15 分钟即可到达

7 欧元

周二、周三、周五 12:00~19:00，周四 12:00~21:00，周六、周日 10:00~18:00

银发族温馨贴士

离开美术馆之前，记得前往拥有玻璃幕墙的 Art Café 喝一杯。日本艺术家鲜艳的壁画为这里增添了许多光彩。在露台上还可以看到美妙的伊尔河和“小法兰西”美景。

阿尔萨斯博物馆 Musée Alsacien

阿尔萨斯博物馆是一座集艺术与民间传统于一体的博物馆，由三座文艺复兴风格的优美建筑构成，分为 24 个展厅。博物馆通过各种日常生活用品、家具、陶瓷制品、图片、服装及当地三大宗教（天主教、新教和犹太教）的艺术品，还有冶铁工场和木屐制造工场的展览布景的展示，反映出阿尔萨斯地区几个世纪以来的乡村生活面貌。

参考信息

斯特拉斯堡圣尼古拉斯码头 23-25

（33-3）88205001

乘坐 10 路公交车到 Corbeau 站下车后步行 100 米到达；或乘坐有轨电车 A 线到 Porte de l'Hôpital 下车再步行 150 米到达

6 欧元

周一至周日 10:00~18:00，周二闭馆

圣母院博物馆
Musée de l'Œuvre Notre-Dame

圣母院博物馆坐落于 14 世纪到 16 世纪兴建的宏伟建筑群中，在 1939 年正式启用。博物馆珍藏着全欧洲顶级的罗马、哥特和文艺复兴风格的雕像，展示了斯特拉斯堡及莱茵河上游（UpperRhine）地区 11 世纪至 17 世纪的艺术发展历程。

展品除了来自斯特拉斯堡大教堂的中世纪雕塑杰作以及以莱茵河为主题 15 世纪重要画作之外，还有彩绘玻璃、织锦、黄金雕塑、家具和油画等艺术珍品。馆内的那幅《耶稣在维森堡》（*Christ de Wissembourg*，约创作于 1060 年）堪称法国最古老的彩色玻璃工艺品。

参考信息

- 斯特拉斯堡城堡广场 3 号
- （33-3）88525000
- 乘坐有轨电车 A 线或 D 线，在 Langstross 站下车，步行 400 米到达；在斯特拉斯堡大教堂可以直接步行到达
- 6 欧元
- 周二至周日 10:00~18:00，周四 10:00~20:00

PART 4

波尔多

美酒之城

印象波尔多

1

传统又新兴的港口城市

波尔多位于加龙河（Garonne）下游，距大西洋98千米。它是一个传统的法国城市，得天独厚的自然环境，在法国首屈一指。波尔多也是欧洲大西洋沿岸的战略要地，波尔多港是法国连接西非和美洲大陆最近的港口，繁忙的港口贸易，使得它多了很多和外界交流的商机，让这里的人们日益富足起来。

2

享誉世界的葡萄酒之城

波尔多处于典型的地中海型气候区，夏季炎热干燥，冬天温和多雨，有着最适合葡萄生长的气候。常年阳光的眷顾，让波尔多形成了大片的葡萄庄园，葡萄酒更是享誉全世界。喜欢吃西餐的人们可能不知道波尔多这个城市，却很少有人不知道波尔多的红酒。波尔多人是泡在红酒里长大的，波尔多是一个生在味蕾上的城市。

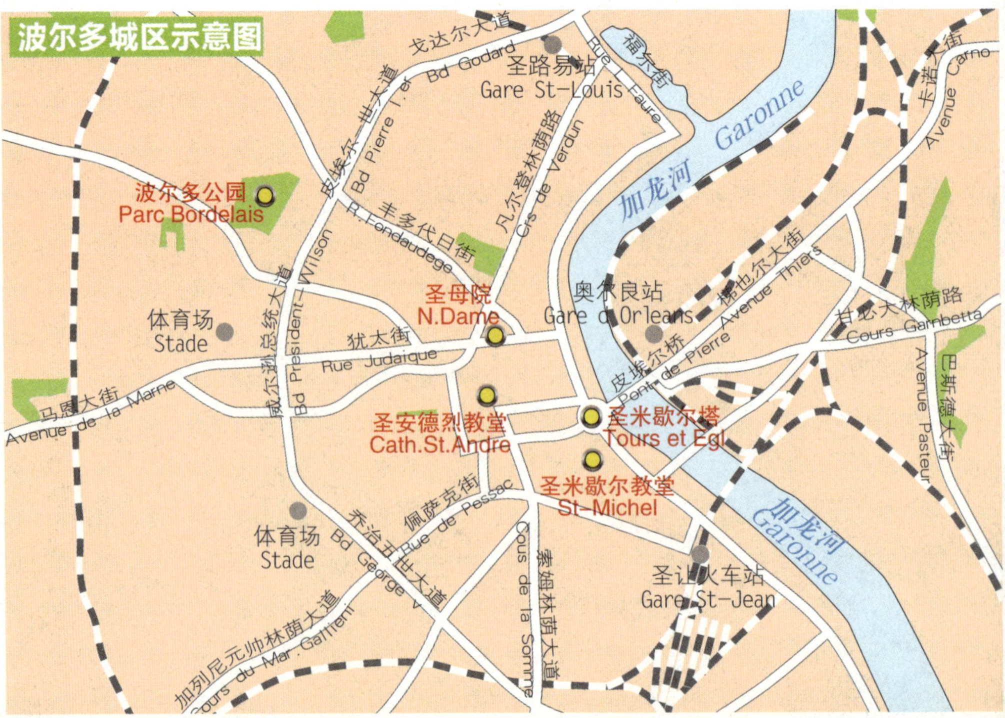

地理位置

波尔多是一个法国西南部的港口城市，濒临大西洋。吉伦特河、加龙河和多尔多涅河这三条河流将波尔多分成了左岸、右岸和两海间三大部分。波尔多虽为河口港，但在狭长数十千米的吉伦特河护卫下，免受了海洋的直接冲击，港口平静而广阔，既有海洋的无限拓展性，又有平原城市的广阔腹地。

城市规模

波尔多面积45平方千米，人口约76万。波尔多按地域可划分为三个部分，吉伦特河以及加龙河西南部的地区被称为“左岸”，吉伦特河以及多尔多涅河的东北部被称为“右岸”，处于加龙河与多尔多涅河之间的地区被称为“两海间”。

最佳季节

波尔多处于典型的温带海洋性气候区，全年温

城市速读

波尔多（Bordeaux），是法国西南部阿基坦大区的首府，同时也是吉伦特省首府。波尔多是巴黎、里昂、马赛之后的法国第四大城市，历史上属加斯科涅地区。

波尔多是欧洲军事、航空领域的研究与制造中心，它也是法国战略核弹研究和物理实验的核心，拥有原子能研究中心等众多高端技术机构。波尔多地区旅游资源丰富，有许多风景优美保存完好的中世纪城堡。得天独厚的气候环境还让波尔多成为世界葡萄酒中心，波尔多葡萄酒行业协会每两年举办一次的Vinexpo国际酒展吸引着全世界美酒爱好者的目光。

暖湿润，受加勒比海顺阿奎坦海岸而上的暖流影响，这里夏天阳光充足、炎热干燥；春季湿润，雨水较多；秋冬两季比较温和，即使是下雪天也不会太寒冷。总体来说，全年都适合前往旅游。

特别提醒的是，每年 6 月底，波尔多会在河岸举行盛大节日：偶数年的葡萄酒节或奇数年的河流节。根据节日的不同，可以品尝到不同的波尔多葡萄酒和产自大西洋的海产品，但是无论哪个节日，一样可以欣赏到音乐会、舞会和加龙河帆船比赛等精彩活动，喜欢热闹的游客不妨在那时候前往。

节日风俗

在波尔多最好的消遣项目几乎都与葡萄酒有关，但这里还是有些活动与酒无关。如果你喜欢运动，波尔多的附近地区有很多单车路径可供骑行。如果你想运动加文化欣赏，波尔多旅游局安排的徒步远足旅游

可能正合你心。或者什么都不做，静静地在梅多克（The Mdoc）美丽的沙滩上散散步，也是惬意的享受。

葡萄酒节（Fête du Vin de Bordeaux）是波尔多最重要的节日庆典，在偶数年的6月底到7月初举行，是了解波尔多本地出产红酒千载难逢的好机会。酿酒示范、品酒、传统音乐舞蹈表演、美食佳肴和陈年佳酿，这一切都将波尔多最优秀的文化传统带到你面前。

虽然品尝葡萄酒是游波尔多的主要节目，但这里每年都有很多其他类型的庆祝活动举行。波尔多会庆祝大多数的宗教节日。3月到4月间是复活节和复活节后的星期一，这里还会庆祝5月的耶稣升天节（L'Ascension）、8月15日的圣母升天节（L'Assomption）、11月1日的万圣节（La Toussaint）以及传统的圣诞节。

银发族温馨贴士

波尔多是世界上最大的美酒之乡，这里盛产的葡萄酒最为有名。葡萄酒绝大多数是在以家庭为单位的庄园里生产的，几乎每一个葡萄酒庄园都有着不同的故事，到波尔多有机会一定要记得造访下这些酒庄。

文化特色

早在罗马时期，波尔多就已经非常富裕，是当时亚奎丹省（Aquitaine）的首府。公元276年，波尔多遭受日耳曼人的掠劫，后来，西哥德人（Visigoth）、古阿拉伯人（Saracen）、诺曼人（Norman）又纷至而来。

12世纪时，女公爵埃莉诺继承领地后与金雀花王朝亨利伯爵结婚，波尔多作为陪嫁成为英国的海外领土。在英国统治的300年间，依靠港口贸易和出产的红葡萄酒，波尔多赚取了无数财富。金雀花王朝结束后，波尔多才又重新回归法国。

如今的波尔多是一个历史和艺术的城市，它有着法国最大的历史艺术保护区。为了保护这里，波尔多城市在兴建有轨电车时特别采用了地面供电系统，2007年6月，波尔多市被联合国教科文组织评为世界文化遗产。

银发族出行指南

机场→波尔多

目前，北京、上海、广州等城市开通有飞往波尔多的航班，但都需要转机，飞行时间较长，最短的也需要 16 小时左右，且费用较高，有的航班机票甚至上万元。转机的城市主要是巴黎、阿姆斯特丹。

波尔多机场（Bordeaux-Merignac）位于市中心西南方约 10 千米处的 Mérignac，这里是整个阿基坦大区的重要交通枢纽。机场除运营直达巴黎、斯特拉斯堡、里昂、马赛等国内航班外，还有越来越多的国际航班直飞西欧和北非。

从波尔多机场可以坐巴士（Jet' Bus）到市区，这也是从机场前往市区比较快捷的交通方式。搭车地点就在机场的 B 航站楼外，从机场出发的班车运营时间 7:45~22:45，每 45 分钟一班，车程约 45 分钟，单程票价 7 欧元。

从机场搭乘出租车到市中心车费约 50 欧元，出租车预约电话：05 56 29 10 25。

巴黎→波尔多

波尔多作为法国的重要城市，是法国重要的火车中转站之一。火车站（Gare St-Jean）就位于市中心西南三千米处，从巴黎的 Montparnase 车站可以乘坐 TGV 高速火车到波尔多 St-Jean 车站（每天至少 16 班车，3 小时可以到达，车票 73 欧元）。另外，也可以从巴黎戴高乐机场乘飞机前往波尔多，仅需 1 小时 15 分钟。

波尔多市区

波尔多市区的公共交通体系主要由普通公交车，3 条 Tramway 有轨电车线路，以及城市周边快线公交和公共自行车组成，其中公交车和电车由 TBC（www.infotbc.com）公司运营。

公交车：波尔多市区几个主要区域（圣让火车站 Gare Saint-Jean、胜利广场 Place de la Victoire、Place Gambetta 和 Quinconces）间的巴士线路十分发达，可以搭乘巴士抵达市区的任何角落。公交线路运营时间为：5:00~ 次日 1:00。单程票 1.4 欧元一张，可在电车站的自动售票机购买，也可直接上车向巴士司机购买。

电车：A 线贯穿东西，B 线贯穿南北，C 线联络火车站与 A、B 线以及北部部分地区，电车线路运营时间为：7:00~23:00。

公交船：由法国交通局运营的河上巴士（Le Bus du Fleuve），连接城市的东西两部分。使用巴士的车票可以搭乘。公交船从 Quai Richelieu 南部到达著名的阿基坦桥（Aquitaine Bridge）附近。运营时间为：7:20~15:50。

出租车：在波尔多乘坐出租车最好电话预约，或者也可以前往出租车站点等候。电话预约：05 56 29 10 25。

银发族温馨贴士

波尔多市区不大，租辆自行车游览也是十分合适的交通方式。在波尔多市区有很多自行车自助租赁点，需要使用银行卡抵押租借自行车，每天第一个半小时内免费，半小时后租金 1 欧元，1 个小时，租金为每小时 2 欧元。租车卡分为 1 欧元 / 天、5 欧元 / 周、25 欧元 / 年三种。

银发族
住宿指南

波尔多有各种类型的住宿选择，可以满足不同要求的住宿条件。在市区和火车站附近设有很多旅馆，在波尔多转站旅游的游客可以选择火车站附近，而专程来波尔多旅游的游客，则可以住在市区。

夏特龙旅馆 Ecolodge des Chartrons

旅馆位于波尔多 Chartrons 葡萄酒商业区码头外的一条小街上。这家民宿开辟了市内环保住宿的新概念，选用太阳能热水系统、节能燃气和以麻为主的隔音设施，同时也保留了这座曾经的葡萄酒商之家的灵魂。价格：95 欧元起。

地址：波尔多瑞兹街 23 号

交通：波尔多市内步行可达

电话：（33-5）56814913

帕提库里尔酒店 L'Hôtel Particulier

酒店自带秘密花园，景致幽静。装饰奢华的房间里有巨大的壁炉、雕花的天花板、独立浴缸以及优质家具。酒店内设施齐全的酒店式公寓更是物美价廉，非常适合常住。价格：公寓 97 欧元起。

地址：波尔多卡莱斯大街 44 号

交通：乘坐无轨电车 3、5、8、9、10 路，Kunsthaus 站下车步行可达

电话：（33-5）57882880

波尔多家庭酒店 La Maison Bord'eaux

酒店位于市中心，交通便利，距离电车站仅有 10 分钟步行路程。酒店拥有风景如画的 18 世纪古堡，客房宽敞并设有私人浴室，客房还配备了卫星电视和沏茶咖啡设施。在夏季，客人还可以在花园里进餐。La Maison Bord'eaux 酒店还可以组织游客前往市区以及圣埃米利永（Saint-Emilion）和梅多克（Médoc）的葡萄园观光。价格：145 欧元起。

地址： 波尔多艾伯特巴罗医生大道 113 号

交通： 乘坐有轨电车 C 线在 Quinconces 站下车步行可达

电话：（33-5）56440045

西克欧酒店 Hôtel Seeko'o

波尔多西克欧酒店位于波尔多市中心，坐落在加龙河畔，并朝向 Jacques Chaban Delmas 大桥。酒店外形好像一座冰山，拥有黑白色系的大堂，所有套房均配备了平面有线电视以及带 iPod 连接的独立音响系统，部分客房还可观看波尔多城市全景。西克欧酒店的客人还可以免费使用土耳其浴室，得到彻底的放松。价格：150 欧元起。

地址： 波尔多 bacalan 码头 54 号

交通： 乘有轨电车 B 线，在 Musée d'aquitaine 站下车步行可达

电话：（33-5）56390707

银发族养生美食

波尔多以其享有盛名的葡萄酒和精致的烹饪艺术，成为一个名声卓著的美食聚集地。市内有数以千计的餐馆，要想确认哪家餐馆更好实在是个错误，因为每家餐馆都各具特色，因此而使“美食之城”的盛名代代相传。

养生菜品

所谓宝剑配英雄，美食当然要伴有美酒才更显珍馐。在法式菜系中占有举足轻重的地位鹅肝，其绝佳拍档当属波尔多白葡萄酒。

波尔多人还习惯用红酒烩煮一种稀有的鳗鱼，将鳗鱼先浸泡在加了波尔多红酒中，然后加入火腿、香辛料在锅里连续炖煮数小时，最后再加入巧克力让汁变稠。如此精心的制作，成就了这道不折不扣的红酒鱼美食。

波尔多口味最浓郁的波雅克红酒（Pauillac）是羊排的绝配，以希哈葡萄（Syrah）酿造的红酒则是烤牛排的绝佳搭配。至于那来自地中海的红酒，丰满肥润，最适合用来烹饪蹄髈。

养生功效

葡萄的营养价值很高，以葡萄为原料制作的葡萄酒蕴藏了多种氨基酸、矿物质和维生素，这些物质都是人体必需的营养物质。葡萄酒还是唯一的碱性酒精饮品，可以中和现代人每天吃下的大鱼大肉以及米面类酸性食物，降低血中的不良胆固醇，促进消化。

葡萄酒中含有的抗氧化成分可防止动脉硬化和血小板凝结，保护并维持心脑血管系统的正常生理机能，起到保护心脏、防止中风的作用。

适量饮用葡萄酒可养气活血，使皮肤富有弹性，对女性有很好的美容养颜的功效。红葡萄酒中含有较多的抗氧化剂，能消除或对抗氧自由基，经常饮用可预防老年痴呆。葡萄皮中含有的抗癌性物质可以防止细胞癌变，故是预防癌症的佳品。

温馨提示：葡萄酒虽好，但要记谨记过犹不及。饮用时最好量力而行，千万不可贪杯。

美食搜街

在波尔多市区的餐厅集中在甘贝塔广场（Place Gambetta）周边，多数餐厅都供应新鲜的海鲜料理，还有用波尔多酒烹调的地道的当地菜肴。议会广场（Place du Parlement）、圣乔治路（St-Georges）也有许多特色餐厅。以前的厂房区 Quai des Marques 码头现也有十几家滨河餐厅营业。夕阳西下，这里是一边欣赏日落美景，一边享受美食佳肴的好地方。

银发族行程安排

波尔多市区精华游

波尔多市区范围不大，景点较为集中。在波尔多，你可以乘坐旅游巴士在城中漫游，当然也可以靠着双脚亲自丈量城市的美景。行走在波尔多，能够真正地感觉到属于法国最古朴的浪漫。这里没有遍地的霓虹灯的渲染，有的只是街道上飘散着的淡淡酒香，让人沉醉。

游览线路推荐: 水镜广场—波尔多大剧院—圣安德烈大教堂—阿基坦博物馆

探访波尔图周边小城

圣艾米隆（St-Emilion）是位于波尔多东北约35千米处的一个小镇。小镇历史悠久，至今还保留着壮观的罗马式教堂和连绵不绝的石子街巷，这里存在着大片的葡萄庄园，是波尔多最大的葡萄酒法定产区，其古城及葡萄庄园现已一同被列为世界文化保护遗产。这个中世纪小镇古色古香，风景绝佳，镇上还可以免费参观葡萄酒的生产过程。

游览路线推荐: Collégiale 教堂—Les Cordeliers 酿酒厂

探一探

城市风貌

圣安德列大教堂 Cathédrale St-André

圣安德列大教堂位于波尔多市中心，隔着教堂前的广场与市政厅相对。圣安德列大教堂比波尔多更早地成为联合国教科文组织认定的世界文化遗产，其最古老的部分建筑可以追到11世纪。教堂主殿是罗马式的建筑，在英国统治时代，这座教堂曾因规模过小而扩建过。1137年，路易七世和阿莉叶诺·达基特努在这座教堂举行过婚礼。教堂北侧建于1250年的国王之门上雕刻着被视为歌德艺术最高杰作之一的《最后的审判》。教堂东侧的钟楼建于1440年，爬上231个阶梯登上楼顶，可以眺望整个波尔多的城市景观。

参考信息

- 波尔多市中心考尼斯街66号
- （33-5）56526810
- 乘坐无轨电车3、5、8、9、10路，Kunsthaus站下车可到达教堂
- 教堂免费参观，登钟楼5.5欧元
- 10:00~13:00，14:00~18:00

银发族温馨贴士

大教堂下有一个小型的早市，卖一些吃的东西，如糕点、葡萄酒等，可以参观完后买点儿品尝。教堂的周围进行了非常棒的灯光设计，在夜里从内部打亮灯光，原本应该暗淡的彩窗因此变得五颜六色，十分绚丽。教堂内还有免费的管风琴演奏。

参考信息

波尔多喜剧广场

（33-5）56008595

搭乘有轨电车 B、C 线在 Quinconces 站下步行 5 分钟可到达

4.8 欧元

波尔多大剧院
Grand Théâtre de Bordeaux

波尔多大剧院位于市中心，建于 18 世纪，该剧院的设计者是建筑师维克多 • 路易斯（Victor Louis），他因设计这座建筑而赢得罗马大奖。

波尔多大剧院堪称是一座新古典式的纪念堂，属于法国最美建筑之列，被视为波尔多的标志。它的外观像一座庄严的希腊式神庙，一排 12 根科林斯式巨柱构成宏伟匀称的门廊。门廊阳台上，并排竖立着 12 尊神态各异的雕像，都是希腊神话中的女神，好似西洋的“金陵十二钗”。剧院内部装饰金碧辉煌，宫廷式的包厢和楼座有四层，据说，巴黎歌剧院就是以波尔多大剧院为样板设计的，其经典程度可见一斑。

银发族温馨贴士

大剧院内部装饰奢华，值得一看。剧院附近有个餐厅，牛排做得十分香嫩，薯条也是自家切出来的细薯条，味道不错，前菜的色拉很开胃，值得一尝。

参考信息

波尔多交易所广场

搭乘 C 路有轨电车在 Place de la Bourse 站下可以到达

免费参观

全天开放

水镜广场 Miroir d'eau

水镜广场建造于 2006 年，占地 3000 多平方米。古老的波尔多经过现代化的洗礼，在加龙河畔建立了一座名为水之镜的喷泉，喷泉在地面铺设了一层薄薄的水层，看上去像是清澈的镜面，故此得名。这里是电影《将爱》的拍摄景点之一，在广场上，小孩子们纷纷踏入这片深不足两厘米的“泳池”，奔跑嬉戏，甚至大人们加入进来，如同孩子一般，成为这水池中的一员。

银发族温馨贴士

广场上的喷泉会不定时的有水喷出，能够倒映出整个广场上面的建筑物，非常值得在此摄影留念。等到晚上，华灯初上时，来到水镜广场，又是另一幅美丽的景象。

市立美术馆 Musée des Beaux-Arts

波尔多市立美术馆位于波尔多市政厅后方，距圣安德列大教堂很近。美术馆门口是罗丹著名的雕塑作品——地狱之门，馆内收藏许多法国画家包括雷诺阿、马蒂斯、葛鲁等人的作品，还包括许多瑞士画家的绘画、雕塑以及版画，集中展示了从文艺复兴时期到 20 世纪中叶期间，西方艺术的发展演变过程。展览的精品还包括 17 世纪荷兰、意大利画家的作品，每年 5 月至 9 月之间还有国际性的艺展。

参考信息

- 市政厅后方，阿布莱特花园街 20 号
- (33-5) 56102056
- 乘坐有轨电车 B 线 Hôtel de Ville 站下车可到达
- 10:00~12:00，14:00~18:00，星期二闭馆

圣凯瑟琳大街 Rue Ste-Catherine

圣凯瑟琳大街是贯穿波尔多老城区的两条主要街道之一，它是波尔多地区最繁华的商业街道，也是波尔多最主要的购物大街。在这条 1000 多米长的步行街上完全禁止了机动车辆行驶，大街两旁商店林立，街上人来人往，熙熙攘攘，一派热闹景象。圣凯瑟琳大街沿着波尔多的南北轴线，连接了波尔多大剧院所在的喜剧广场以及胜利广场。大街北端有着大量上档次的连锁店，这里还能找到源于 19 世纪，带有拱廊的购物中心 Galerie Bordelaise。此外，大街上还有着不少咖啡馆可供休息。

参考信息

- 波尔多圣凯瑟琳街
- 乘有轨电车 A 线至 Ste-Catherine 站下车即可到达

观一观

历史印记

参考信息

- 波尔多巴斯德街 20 号
- (33-5) 56015100
- 乘有轨电车 B 线，在 Musée d'aquitaine 站下车即可到达
- 4 欧元
- 周二至周日 11:00~18:00

阿基坦博物馆 Musée d' Aquitaine

阿基坦博物馆依照时代顺序，详细地介绍了阿基坦地区从公元前到现代的历史，特别是阿基坦地区相关的波尔多历史，还有波尔多和阿基坦的象征——葡萄酒的资料，帮助游客了解波尔多和阿基坦大区的关系。在这里，可以观看到 2500 年前的法国—罗马雕塑和遗迹，还可以欣赏到法国在非洲和大洋洲的殖民地的雕塑和面具收藏，十分震撼。

吉伦特派纪念碑 Girondins Monument

吉伦特派纪念碑位于梅花广场西侧，是城市的中心坐标，它是为了纪念在恐怖统治时期受害的吉伦特派成员而建。这座纪念碑建于 1894 年到 1902 年之间，建立纪念碑的提议由吉伦特党人埃利·加代的侄孙、建筑师朱利安·加代提出。1794 年，埃利·加代等吉伦特党人以及那些帮助他们的人，在那里被送上了断头台。

参考信息

- 波尔多胜利广场
- 乘坐有轨电车 B、C 线在 Quinconces 站下车即可到达
- 免费
- 全年开放

历史链接

吉伦特派，有时称布里索派（Brissotins）或长棍面包派（Baguettes），是法国大革命时期立法大会和国民公会中的一个政治派别，主要代表当时信奉自由主义的法国工商业资产阶级。吉伦特派在法国大革命后曾掌握政权，其主张建立共和体制，并不惜与周边支持国内贵族的国家开战。1792 年，刚刚组阁的吉伦特派对奥地利宣战。然而，战争却因反革命势力的暗中破坏而遭到失败，吉伦特派也因此逐渐失势。在随后残酷的政治斗争中，22 名吉伦特派主要党员被当作战犯处决，吉伦特派纪念碑便是为了纪念这 22 名牺牲者而建。

参考信息

波尔多阿尔伯尔—巴侯博士路

（33-5）56006600

乘坐有轨电车C线在Quinconces站下车，向西步行900米可到达

3欧元

14:00~19:00

加连宫 Palais Gallien

加连宫是波尔多现存的保存最完好的高卢—罗马遗迹，其名字来源于在公元253年至公元268年之间执政的罗马皇帝加连（Gallien）。这是一座建于公元3世纪的露天圆形剧场，曾经可容纳15000名观众。但不幸的是该剧场于公元276年遭遇大火，所有木制部分皆被焚毁，仅有部分石质建筑在大火中残存下来。如今我们只能从阿尔伯尔—巴侯博士路（Docteur Albert-Barraud）、艾米勒—浮岗路（Émile-Fourcand）或加连宫路（Palais-Gallien）上看到该建筑的遗迹。

参考信息

波尔多市区普拉多广场

（33-5）56485642

乘坐无轨电车3路至Kunsthaus站下车向北步行10分钟可到

免费参观

周六14:30~17:30，周日14:30~19:00

圣瑟兰大教堂 asilique Saint Seurin

圣瑟兰大教堂位于波尔多市中心偏西的地方，建于公元6世纪，是波尔多最古老的教堂，同时也是联合国教科文组织认定的世界文化遗产。这座教堂有着拱顶繁复的前廊和雕刻着妖魔的柱石，还有着尖顶和地窖。这里11世纪的地穴里埋葬墨洛温王朝（Mérovingien）的大量石棺。此外，公元4世纪到13世纪，曾有众多基督教徒驻扎于此。

历史链接

墨洛温王朝，是欧洲中世纪统治法兰克王国的第一个王朝，相传以创立者克洛维的祖父，法兰克人墨洛温的名字命名。其领地包括高卢的大部分地域，也就是现今的法国，统治时期间于公元5世纪至8世纪之间，最终被卡洛林王朝替代。

建筑格调

瞧一瞧

圣米歇尔教堂 Basilique St-Michel

圣米歇尔教堂位于波尔多旧市区南端的加伦河畔，面对康特鲁广场（Place Canteloup）。教堂建于14世纪，和圣安德列大教堂同为波尔多市区哥特式建筑的代表。教堂中最引人注目的建筑是建于15世纪、并于1865年整修过的圣米歇尔塔，这座高120余米的塔是全法国最高的哥德式尖塔，登上塔顶可以尽览波尔多的城市风光，天气晴朗时更可以远眺大西洋，风景十分壮美。

参考信息

- 波尔多梅娜德广场
- （33-5）56943050
- 搭乘有轨电车C线在Place de la Bourse站下车，沿河向南步行900米可以到达
- 3欧元
- 10:00~17:00

银发族温馨贴士

教堂前广场中央的钟楼，是波尔多市的指针。康特鲁广场周末还有热闹的早市和旧货市场，市场上货品琳琅满目，有许多旅游商店里买不到独特东西，有些商品的价格更是便宜得让人难以置信。

参考信息

- 波尔多市区石桥
- （33-5）56006600
- 搭乘有轨电车 C 线在 Place de la Bourse 站下车，沿河向南步行 500 米可以到达
- 免费参观
- 全天开放

皮埃尔桥 Pont de Pierre

皮埃尔桥是波尔多的一座横跨加龙河的桥梁，连接左岸的维克多雨果林荫道（Crs.Victor Hugo）和右岸的梯也尔大街（Av.Thiers）。皮埃尔桥是拿破仑一世下令设计修建的加龙河上的第一座桥梁建筑，建桥时间在 1819 年至 1822 年间，1822 年皮埃尔桥正式投入使用。皮埃尔桥拥有 17 个拱门，而数字 17 也恰好是拿破仑 • 波拿巴（Napoléon Bonaparte）名字的字母个数。

银发族温馨贴士

在 1965 之前，皮埃尔桥一直是横跨加龙河两岸的唯一桥梁。如今的皮埃尔桥已经成为了波尔多的一座标志性建筑，它是一座重要且壮观的桥梁，担负着波尔多重要的交通枢纽作用。2004 年，波尔多发行了正面印有皮埃尔桥的邮票，以示纪念。

梅花广场 Place des Quinconces

梅花广场原名康孔斯广场，位于波尔多旧市区北端加伦河畔，面积 12 万平方米，是法国乃至欧洲规模最大的广场之一，这里也是波尔多人最喜欢散步休憩的地方。

梅花广场建于 1820 年，由喇叭城堡遗址上开辟而出，广场的形状为加长的矩形加半圆形，树木种植呈梅花形，因此广场得名梅花广场。广场上最引人注目的是矗立在广场西端的吉伦特派纪念碑，在宽阔的广场上，这座建于 19 世纪的圆形石雕喷泉更显壮观。

在宽敞的梅花广场上，还立有两根高 21 米的巨型圆柱，面向加龙河 。两根圆柱一个象征着商业，另一个则代表了航海。蒙田和孟德斯鸠的白色大理石雕像，由雕塑家麦格思（Maggesi）增建于 1858 年。广场上的主要纪念碑则竖立在 1894 年和 1902 年之间，显得古朴而庄严。

参考信息

- 波尔多路易十八码头中心
- 乘坐有轨电车 B 线在 Quinconces 站下车即可到达
- 免费参观
- 全天开放

银发族温馨贴士

广场上还可以见到在波尔多诞生的名人孟德斯鸠和蒙田的塑像。广场两旁环绕着成排的树林，河岸边有一个观景的平台，是观赏整个广场风光的最佳位置。

胜利广场 Place de la Victoire

胜利广场位于圣凯瑟琳街（Rue Sainte-Catherine）南端，广场地面建筑以罗马的卡比托利欧广场为原型，这里的主要建筑是兴建于17世纪的阿基坦门（porte d'Aquitaine）。

2005年广场上落成了捷克雕塑家伊万·泰莫（Ivan Theimer）的两部作品：高16米、重量超过50吨，由六块红色大理石组成的方尖碑以及两只龟壳上刻有名字和原产地的青铜乌龟。胜利广场周围有大量的咖啡馆、饭馆和酒吧，因此也成为波尔多年轻人最爱去的地方。

参考信息

- 波尔多圣凯瑟琳街南端
- 乘有轨电车B线，在Musée d'aquitaine站下车，沿巴斯德林荫道（Crs.Pasteur）向南步行约5分钟可到达
- 免费参观
- 全天开放

佩贝朗塔 Tour Pey-Berland

佩贝朗塔屹立在波尔多主教座堂旁的佩贝朗广场（Place Pey-Berland）之上，塔身与主教座堂相分离，为典型的哥特式建筑，顶部还有一尖塔，全塔总高66米，气势非凡。

佩贝朗塔兴建于1440年到1500年之间，它得名于当时的佩贝朗总主教（Pey Berland）。佩贝朗塔也是波尔多观景的最佳制高点，登上佩贝朗塔可以饱览古城风景。但需要注意的是，每天允许登塔的名额有限，并且需要提前预约。

参考信息

- 波尔多佩贝朗广场
- （33-5）56812625
- 乘坐有轨电车B线在Hotel de Ville站下车即可到达
- 6欧元
- 10:00～18:00

寻一寻

美酒庄园

拉菲酒庄
Château Lafite Rothschild

在世界上各国各地，各门各派的葡萄酒中，拉菲酒庄的葡萄酒无疑是最有名气一个。拉菲酒庄就坐落在波尔多波亚克区菩依乐村北方的一个碎石山丘之上，得天独厚的气候及土壤条件，使这里出产的葡萄酒世界闻名。

酒庄占地面积达 1.78 平方千米，其中葡萄园区占地 1.03 平方千米，面积之广在五个一等顶级酒庄之中也位居第一。拉菲酒庄最初是由一名姓拉菲（Lafite）的贵族于 1354 年创园，在 14 世纪时已经颇有名气。1675 年，当时世界酒业的一号人物希刚公爵（J. D. Segur）购得酒庄，并使其逐渐发展壮大至如今的规模。

参考信息

波尔多波亚克区菩依乐村

（33-5）56731818

www.lafite.com

尚未开通公共交通，如果已经接收到参观邀请，可以包车前往

参观免费，但是需要提前两周预约，受到邀请后方可前往

面向专业人士 9:00~10:30 开放；面向个人 14:00~15:30 开放

银发族温馨贴士

拉菲酒庄是悦人的 17 世纪庄园建筑，一派朴素美好的田园风格。葡萄园布置也很朴素，没有刻意的雕琢痕迹。来到酒庄一定要品尝这里的美酒，最好买上几瓶，带回去慢慢品味。

参考信息

波尔多北部的圣特斯塔夫产区

（33-5）56593012

www.chateau-montrose.com

邮　箱：chateau@chateau-montrose.com

尚未有公共交通到达，如果已经接收到参观邀请，只可以包车、打的前往

参观免费，但是需要提前预约，受到邀请后方可前往

银发族温馨贴士

想要在庄园购买葡萄酒的游客可以选择玫瑰庄园副牌酒——“梦露斯达摩干红”（La Dame de Montrose），这款酒价钱中等，较易入口，颇受内行人的欢迎。

玫瑰庄园 Château Montrose

玫瑰庄园自 1815 年开园以来，几度易手，最终由弗朗索瓦家族持有。

自 1989 年以来，玫瑰庄园已经成为波尔多地区最稳定的葡萄酒列级名庄，庄园内的葡萄园面积 65 平方千米左右，种植着优质梅露与嘉本纳弗郎葡萄，平均树龄为 40 年。

玫瑰庄园的品质与其名字同样优美，每一支佳酿皆以梅露为主要基调，同时具有嘉本纳弗郎的美味余韵。

玫瑰庄园像是一个丰衣足食的资产阶级，一切按部就班，颇似巴赫的音乐，四平八稳但又不失特色。近些年玫瑰庄园毫不余力地提高着工艺水平，其稳步提升的质量已经超过极具竞争力的 Ch.Calo-Segur 等多家对手，如果按照当年的分级，它应该得到梅多克地区的一级庄园头衔。

参考信息

波尔多贝萨克地区南塞尔甘松医生大道 216 号

（33-5）57263838

如已接收到参观邀请可以从波尔多市区乘出租车前往

周一至周五 9:00~12:00，14:00~18:00。周六、周日闭园休息

克莱蒙教皇庄园 Château Pape Clément

地处波尔多贝萨克（Pessac）近郊的克莱蒙教皇庄园可能是整个波尔多市内所有庄园中历史最悠久的名庄。顾名思义，这个葡萄园与教会有着千丝万缕的联系。

1300 年，波尔多区大主教伯兰德·高斯（Bertrand de Goth）把乡间的这块土地改造成一座葡萄园，他于 1306 年被选为罗马教皇，史称克莱蒙教皇五世（Pape Clement V），这也是庄园名字的由来。

克莱蒙教皇庄园在随后的几个世纪里数度易手，最终由葡萄酒制造商保罗·蒙塔捏（Paul Montagne）收购，1953 年的葡萄大丰收使得庄园的葡萄酒生产恢复了往日的光辉。克莱蒙教皇庄园生产的葡萄酒或许在名气上比不上列级名庄中的产品，但其优秀的品质却是毋庸置疑的。

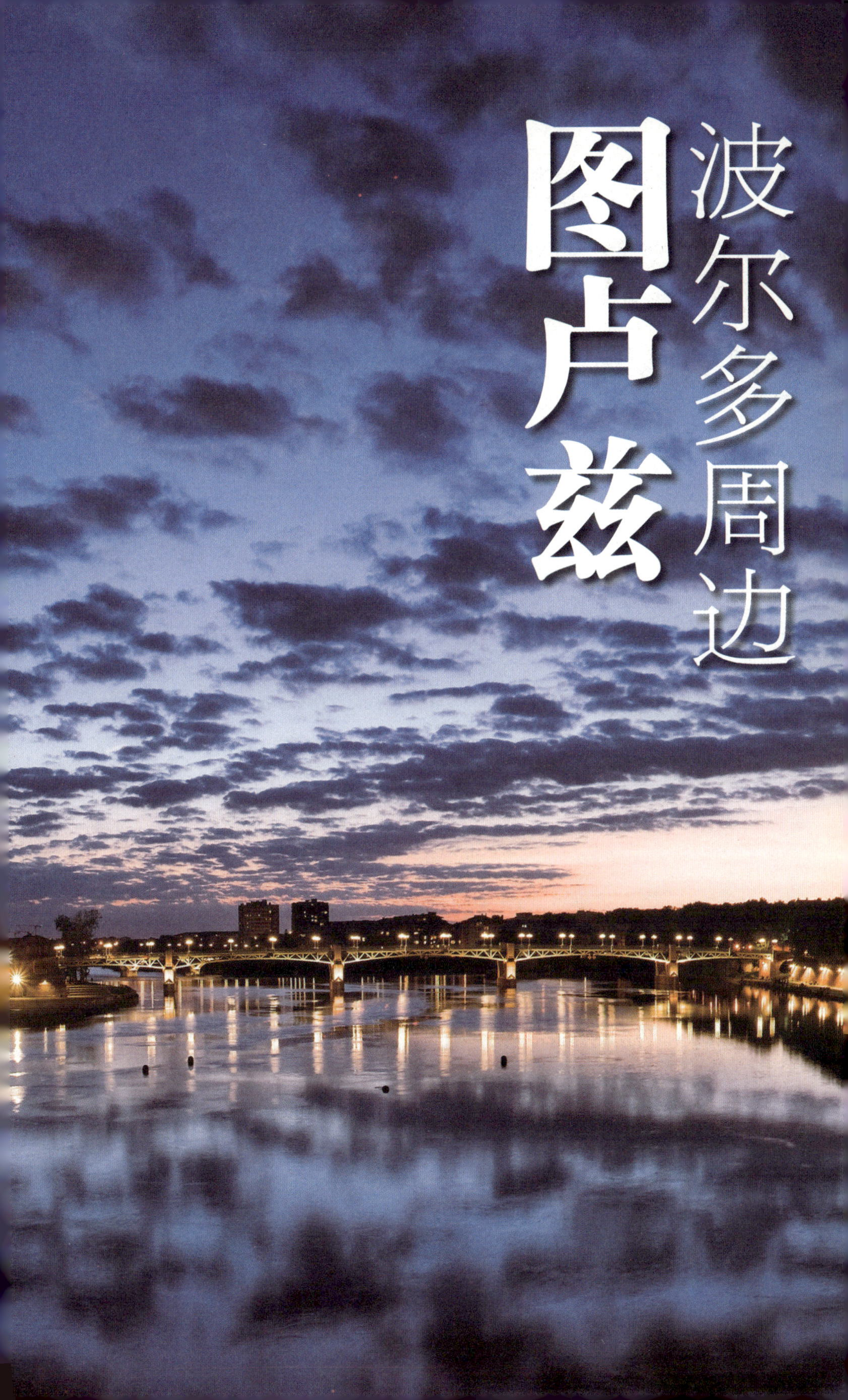

图卢兹 波尔多周边

印象图卢兹

1

历史与未来并重的太空城

图卢兹作为比利牛斯地区的首府和一个开满鲜花的城市，它的魅力不仅在于自身 2000 多年的悠久历史，而且在于它对未来科技的颇多涉猎。图卢兹自 20 世纪 30 年代就成为法国乃至整个欧洲的航空工业中心，这里是空中客车（Airbus）的总部所在地，也是达索战斗机的生产基地。此外，还有着数量众多的尖端科技公司扎根在这里。

活力四射的大学城

2

图卢兹是仅次于巴黎的法国第二大大学城，这个城市里有着大量的科教机构：四所大学、二十五所高等专业学院，有大学生近十多万人。法国国家理学院、医学院、文学院和法国最重要的三所航空航天大学也均设于此。其中，图卢兹社会学大学建于 1229 年，是欧洲最早的大学之一。在这座充满活力的南方城市，三五成群的学生散落在各个角落，释放着他们无尽的活力，城市里充满热闹的场景。

地理位置

图卢兹位于法国西南部，距离巴黎 700 多千米，这座优雅的南部城市坐落于加龙河和南运河的交汇处，古代是沃尔卡埃泰克托萨热斯的要塞。

城市规模

图卢兹面积 118 平方千米，人口约 44 万。图卢兹的城市建筑始终保留着玫瑰红砖瓦的特色，旧城中心失修的大部分建筑物已拆毁，建起现代化的商业中心。为向急剧增长的城市人口提供住房，图卢兹在旧圣西普里安区西南新建起城镇，取名米拉（意为“奇迹”）。

最佳季节

图卢兹位于地中海气候区的边界，很多人误以为它是地中海气候，但实际上图卢兹属于温带海洋性气候。图卢兹全年的平均气温大约 13℃，1 月份

城市速读

图卢兹（Toulouse）是法国南部——比利牛斯大区（Midi-Pyrénées）首府，同时也是上加龙省（Haute-Garonne）省会。因其当地玫瑰色的石砖建筑，图卢兹又被誉为“玫瑰之城”（La Ville Rose）。图卢兹是一座充满科技感的城市，它是法国的航天工业中心，同时引导着全法国使用清洁环保的能源。这座法国的第四大城市有着兴旺的咖啡馆和文化场馆、大量的庄园公馆以及别具一格的老城区，是不容错过的旅游城市。

银发族温馨贴士

老年游客在图卢兹旅游时，若是遇到问题可以向当地游客办公室寻求帮助。此外游客办公室还提供公交车地图以及各种旅游信息咨询服务。

游客办公室：

地址：夏尔·戴高乐广场（Square de Gaulle）市政厅前的大楼内

电话：05 61 11 02 22

接待时间：9:00~19:00

的平均气温为 5℃左右，7 月份的平均气温为 21℃，总的来说，这里冬不冷、夏不热，是一个一年四季都可以前来游览的好地方。

节日风俗

图卢兹除了美丽的城市风景和活力四射的城市氛围，这里还有着一批丰富而富有魅力的节日活动。在这座名副其实的河边城市，从 3 月到 11 月都可以从码头乘船沿着加龙河航行。夏季一些船只也会经过 St-Pierre，驶入南运河和 Brienne 运河。

图卢兹游客办公室还会组织多种徒步团队游，可以参观图卢兹的历史建筑和地铁艺术。你也可以跟着团队游，参观图卢兹久负盛名的空中客车工厂。

每年 2 月图卢兹会庆祝当地传统的节日——紫罗兰节（Festival de la Violette），届时接头会上演盛大的节日游行，以此纪念图卢兹最受喜爱的花卉。图卢兹的夏天也是缤纷多彩，这里每年七八月份会有爵士、古典和其他一系列的音乐演出。

文化特色

图卢兹城市历史悠久，古代是沃尔卡埃泰克托萨热斯的要塞。城市在罗马时期得到发展，当时名为托洛萨，后来成为阿基坦的加洛林王朝的主要城镇。这里在公元 4 世纪起属主教管辖区，之后修建了一批宗教建筑，并在 13 世纪兴建了一些大学。

在法国大革命前，它一直对朗格多克有管辖权。19 世纪，图卢兹随着铁路的兴建大力发展了商业、工业，其中航空航天工业得到惊人的发展，包括研究、试验、专家培训和飞行器制造（快帆式喷气式飞机、协和式客机、空中客车和军用构件）均处于欧洲领先水平。

图卢兹全城的命运还与其橄榄球队的命运休戚相关，图卢兹赛场队（Stade Toulousain）又被称为“红黑队”（Les rouges et noirs），这支队伍曾经四次夺得欧洲冠军（最近一次夺冠是 2010 年），是图卢兹全城的骄傲。

银发族出行指南

机场→图卢兹

目前，中国尚未开通飞往图卢兹的航班，北京、上海等城市开通前往图卢兹的航班均需转机，飞行时间在 17 个小时左右，费用较高，约 7000 元，转机城市多数为伊斯坦布尔、巴黎等城市。

图卢兹布拉尼亚克机场（Toulouse-Blagnac Airport）是法国西南重要的航空枢纽之一，位于图卢兹市区西北 8 千米处。这里起飞的航班往返于巴黎和其他法国大城市以及英国、意大利和德国的交通枢纽城市。

从机场可乘坐机场巴士往返于图卢兹城区，票价 5 欧元，行程 20 分钟，每 20 分钟一班车。若选择乘坐出租车前往市区需花费约 30~50 欧元，出租车预约电话:（33-5）61300254。

图卢兹市区

公共汽车和地铁：图卢兹当地的公共汽车和两条地铁线路都由 Tisséo 公司经营，在 place Jeanne d’ Arc 和 cour Dillon 大道都有售票亭。票价单程 1.6 欧元，10 次套票 12.9 欧元，24 小时通票 5.5 欧元，2 日通票 8.5 欧元。大多数公交线路每天至少营运至 20:00。夜晚公交则会从 22:00 运营至午夜。

自行车：图卢兹自行车租借项目 Vélo Toulouse，全城大约每 300 米就会有一处自行车租借点。租借费

每天 1.2 欧元或每周 5 欧元。另外需要信用卡支付 150 欧元的押金。你可以在线购买（www.velo.toulouse.fr），但是你需要一张芯片密码卡来激活自动租借机。

银发族住宿指南

图卢兹的酒店主要为商务旅客服务，因此在周末和七八月份的时候，房价通常都会下跌。另外，在图卢兹及其附近没有青年旅舍，火车站附近的大多数旅馆价格都不贵，但质量各异，因此要认真选择。

阿尔伯特酒店 Hôtel Albert Ier

酒店位于图卢兹市中心，享有优越的地理位置，距离阿尔萨斯洛林大街仅一步之遥。酒店装饰典雅的客房为住客营造了宁静惬意的居住氛围，并且所有隔音客房都设有空调以及无线网路连接。价格：65 欧元起。

地址：图卢兹瑞维尔街 8 号

交通：阿尔萨斯洛林大街步行可达

电话：（33-5）61211791

圣塞尔南酒店 Hôtel St-Sernin

这家精品酒店正对着圣塞尔南教堂，由一对巴黎的夫妇经营。客房装修时尚，深灰、纯白和棕黄色的地板尽显都市气息。酒店最好的房间拥有落地窗，可以完整地欣赏教堂。价格：130 欧元起。

地址：圣伯纳德大街 2 号

交通：乘坐火车在图卢兹火车站下车后步行可达

电话：（33-5）61217308

卡斯特拉纳酒店 Hôtel Castellane

尽管这家红砖堆砌的酒店看起来很现代，但是酒店仍然充满了卡斯特拉纳的风情。温馨的房间铺设了木质地板，位置绝佳，并提供丰盛的自助早餐。价格：82 欧元起。

地址：卡斯特拉纳大道 17 号

交通：市内乘坐地铁在 jean jaures 站下车步行可达

电话：（33-5）61621882

圣克莱尔酒店 Hôtel St-Claire

酒店位于一座安静的广场上，紧邻 allée Jean Jaurès 小巷，装饰现代时尚，房间虽然不大，但是内部装点得很温馨。价格：69 欧元起。

地址：巴舍利耶广场 29 号

交通：图卢兹火车站步行可达

电话：（33-5）34405858

银发族养生美食

在图卢兹，美食美酒几乎时时刻刻围绕在你的周围，一天 24 小时，如果不是在享用美食，可能就是在回味美食。许多知名餐厅的绝妙风味还会随着季节变换而变化，让顾客不断体验到新鲜的美味感觉。

图卢兹的餐馆也是卧虎藏龙，在每个门庭若市的餐馆背后都有一位精通各种烹饪技法的大厨，给你带来难忘的美食体验。

美食菜品

法式鸭胸是图卢兹比较有名的佳肴，这道菜看上去比较简单，但一端上来就会闻到一股鸭肉的香味，配上特有的调味品，直让人口水直流。

法式烩土豆是图卢兹当地餐厅都会做的一道美味，土豆泥又软又嫩，还添加了一些白葡萄酒在其中，具有明显的法国风味，很多到图卢兹游玩的游客都会爱上这种简单的异国美味。

洋葱也是图卢兹十分常见的食物，在很多的当地菜肴中都会见到它的身影，有一道专门使用洋葱做的汤也十分好喝，名字就叫洋葱汤，只要在当地的餐厅吃饭，就能够随处见到这道美食，可谓是经典。

美食搜街

图卢兹 Bd de Strasbourg 大街、威尔逊广场（Place Wilson）附近分布着许多露天咖啡馆，在这里可以悠闲的点上一杯饮品，细细品味。Rue Pargaminieres 街上则有很多土耳其烤肉、汉堡包等美食店可供选择。此外，位于 49 Grande Rue Nazareth 的 Chez Navarre 是专门做图卢兹当地菜的餐馆，颇受好评，游客不妨前往尝尝。

银发族行程安排

图卢兹休闲漫游

图卢兹城区建筑色彩缤纷，被誉为玫瑰之城。这座距离地中海只有不到 2 小时车程的美丽河边城市，还处处流露着西班牙与意大利风情，是法国南部独一无二的城市。沿着中古世纪的街道或南运河沿岸散步，都能感受到轻松惬意。这里不论白天或夜晚，咖啡馆与餐馆到处是学生们的庆祝活动或城市的大型活动，各种欢愉的气氛都让人体会到这座城市的活力。

游览线路推荐: 南运河—圣塞尔南教堂—市政厅广场—雅克宾修道院—阿塞扎府邸

探访图卢兹周边

从图卢兹出发，乘坐火车仅需 50 分钟车程即可到达卡尔卡松（Carcassonne）。卡尔卡松拥有参差高耸的城垛、结实的城墙和坚固的炮塔，从远处观赏好像是童话故事里的城堡。这里符合绝大多数人对中世纪古堡的想象，是一处令人印象深刻的景观。1997 年，这里被列入联合国教科文组织的《世界遗产名录》中，成为世界著名的旅游胜地。

游览线路推荐: 圣纳泽尔大教堂—伯爵城堡

城市风貌

探一探

市政厅广场 Place du Capitole

图卢兹市政厅广场位于图卢兹市区中心，这里是图卢兹最恢宏的广场，也是城市的象征。这里不仅是去往市区各景点的中心出发点，也是当地最繁华的地段之一。市政厅广场一带汇集了众多的餐厅、咖啡馆和商店，每当天气晴朗的傍晚，图卢兹市民会纷纷前来，在这里品尝咖啡、享受开胃酒。到了周末，广场上又会变成热闹的集市，吸引着市民与游客前来淘货。

参考信息

- 图卢兹卡皮托勒广场
- 从火车站步行约 15 分钟即可到达
- 参观免费
- 全天开放

银发族温馨贴士

广场周围有很多的餐馆和咖啡馆，可以坐在餐厅外的餐桌椅上悠闲地享受一杯咖啡，感受一下图卢兹的慢生活。广场四周的建筑都是砖红色，最能代表图卢兹的“玫瑰之城”的特色。此外，广场周围有众多衣服之类的品牌专卖店。

参考信息

图卢兹吉恩戈诺尔大街

乘坐 15 路公共汽车，从 allée Jean Jaurès 坐到终点站，下车步行 500 米即可到达

19.5 欧元

9:30~17:00

太空城 Cité de l'Espace

图卢兹太空城是法国首屈一指的科技馆，位于城市东部，55 米高的火箭是它醒目的标志。这里的航天飞机模拟器、天文馆、3D 影院和模拟观象台，将星际工程展示得淋淋尽致。这里甚至还有等比例还原的著名航天飞行器复制品，包括和平号空间站（Mir Space Station）和阿丽亚娜 5 型运载火箭（Ariane 5 Space Rocket）。馆内多语言的导览器可以让你随心所欲地参观、探索图卢兹卓越的航空历史。

参考信息

图卢兹圣塞尔南广场

（33-5）61218045

从图卢兹市政厅广场向北步行约 500 米即可到达

免费

周一至周六 8:30~18:00；周日 8:30~19:30

圣塞尔南教堂 Basilique St-Sernin

圣塞尔南教堂建于公元 1080 年至公元 1120 年间，是法国保存最为完好的罗马式建筑之一，也是欧洲最大的长方形教堂。教堂内部，高耸的中厅和精美的立柱间安放着圣塞尔南的陵寝，他在公元 250 年因拒绝偶像崇拜而被捆绑在公牛上拖拉而死。

圣塞尔南大教堂的建筑十分经典，教堂外正门上方的两个隐窝和鼓室以及 800 个柱头雕饰，描绘了基督教救世主耶稣升天的场景。但最有特色的当属它那高达 60 多米的钟楼以及独特的八角瞭望塔。

历史印记

观一观

奥古斯坦博物馆
Musée des Augustins

奥古斯坦博物馆建于18世纪，由一座古老的修道院改建而成。博物馆建筑本身就是一座经典展品，拥有两处漂亮的回廊花园和精美的浮雕。奥古斯坦博物馆现为图卢兹美术博物馆，馆内收藏丰富，时间跨度从古罗马时期一直到20世纪初。在这里人们可以看到全柱头雕刻、格拉斯圣母教堂雕刻以及哥特风格的圣母雕像等。馆内法国展厅还珍藏有德拉克罗瓦（Delacroix）、安格尔（Ingres）和莫奈（Monet）的经典佳作。

参考信息

- 图卢兹梅斯街21号
- 从图卢兹市政厅广场出发，向南步行约400米即可到达
- 3欧元
- 10:00~18:00

银发族温馨贴士

博物馆曾经是一处奥斯定会（Auguetinian）的修道院，其中两处14世纪的回廊花园，风景如画，像明信片上的景色一样漂亮，游客一定要记得前往，驻足欣赏一番。

角斗场 Les Abattoirs

图卢兹的角斗场位于加龙河左岸，这栋红砖建筑曾经是图卢兹主要的角斗场，古时候这里常常上演生死较量。现在这里已经被改造为前卫的美术馆，并且经常会举办音乐会和展览，是图卢兹城市重要的公共场所。

参考信息

- 图卢兹查尔斯菲特街 76 号
- 沿着新桥（Pont Neuf）跨过加龙河，向西步行大约 600 米即可到达
- 7 欧元
- 11:00~19:00，周二休馆

圣雷蒙德博物馆 Musée Saint-Raymond

圣雷蒙德博物馆位于一座 11 世纪建造的医院内，是一家知名的古代艺术品博物馆。博物馆内收藏着丰富的雕刻古墓以及金子做的高卢金属项圈等艺术珍品。博物馆一楼展示有 Chiragan 别墅的挖掘物，包括了浅浮雕和大理石的罗马雕塑，此外还有早期基督徒的墓地。二楼展示的罗马皇帝半身像精美程度仅次于巴黎卢浮宫的收藏，这些雕像早在 1826 年就已被发掘。

参考信息

- 图卢兹圣舍宁广场 1 号
- 从图卢兹市政厅广场向北步行约 500 米即可到达
- 1.5 欧元
- 10:00~19:00

建筑格调

瞧一瞧

雅各宾教堂 Eglise des Jacobins

雅各宾教堂于13世纪开始修建，是一座哥特式风格的教堂建筑。教堂中殿立着7根高达22米的柱子，呈扇形支撑着屋顶，使得教堂内部看起来如同一棵巨大的棕榈树。当白天的阳光从巨大的彩绘玻璃外照射进来，场景优美，让人神魂颠倒。

参考信息

- 图卢兹拉卡纳尔街
- 图卢兹市政厅广场出发，向西步行约400米即可到达
- 3欧元
- 9:00~15:00

银发族温馨贴士

雅各宾教堂附近的雅各宾修道院(Cloitre des Jacobins)是一处用树篱围起来的花园，风景优美。这里每年9月份还会举行钢琴独奏会，十分精彩。14世纪的修道院餐厅Les Jacobins内还有不少艺术展品可以观看。

参考信息

图卢兹阿赛扎广场

从图卢兹市政厅广场出发，向南步行约 500 米即可到达

¥4.6 欧元

周二至周日 10:00~12:30 和 13:30~18:00；周四 10:00~21:00

阿塞扎宅邸 Hôtel d'Assézat

在图卢兹众多的庄园公馆中，阿塞扎宅邸是其中最精美的一座。这座漂亮的贵族居所由 16 世纪一位富有的染料商人修建，是法国南部文艺复兴时期宫殿建筑的代表作。1994 年后这里成为博物馆，馆内收藏了大量精美的油画、雕塑和青铜器作品，它们都是由阿根廷收藏家贝姆伯格（Bemberg）收集并捐献的。

水塔 Château d'Eau

图卢兹水塔位于加龙河左岸，伫立在一个 19 世纪修建的圆形结构里，是一栋外形很有特色的砖红色建筑。现在的水塔已经成为了一家画廊并长期办有画展，感兴趣的游客可以去看看。

参考信息

- 图卢兹拉加纳广场 1 号
- 沿着新桥（Pont Neuf）跨过加龙河即可到达
- 2.5 欧元
- 周二至周日 13:00~19:00

PART 5

科西嘉岛

英雄的故乡。

印象科西嘉岛

1

英雄辈出的传奇之岛

科西嘉岛上诞生过两位影响世界的传奇人物。一位是开辟了大西洋到美洲的航路，证明了大地球形说的正确性，促进了新旧大陆联系的伟大航海家——哥伦布。另一位则是征服欧洲，确立资本主义社会的立法规范，法兰西第一帝国的缔造者，卓越的军事家、政治家——拿破仑。

丰富多彩的旅游胜地

科西嘉岛景致优美，地形多变。这里有波光粼粼的海湾、炫目耀眼的城市风光、幽深的山谷以及葱郁繁茂的森林。绵延开阔的海岸线以及风景如画的起伏山峦在这里完美融合，这里还有着丰富多彩的活动和悠久动人的历史。在科西嘉岛，无论是海滩爱好者、文化迷、徒步旅行者或是举家出游的人们都能享受其间。沿着岛上蜿蜒曲折的小路，壮丽的风景徐徐展开，让人情不自禁地频频驻足，不忍错过眼前的绚烂景观。

城市速读

科西嘉岛（Corsica）是地中海第四大岛，是个多山的岛屿，森林覆盖率达到全岛面积的五分之一。岛上水力资源丰富，经济以农牧业为主，主要城市有阿雅克肖、巴斯蒂亚。科西嘉岛与法国本土有客轮、班机来往，岛上港口之间也有铁路线连接，交通便利。

地理位置

科西嘉岛位于法国大陆东南方的地中海上，是仅次于西西里岛、萨丁尼亚岛和塞浦路斯岛的地中海第四大岛。该岛距离法国南部本土 170 千米，离意大利西北部 90 千米，南隔博尼法乔海峡与意大利撒丁岛相望。

城市规模

科西嘉岛面积 8600 多平方千米，人口约 33 万。科西嘉岛战略地位重要，历史上曾有多股势力争夺该岛的控制权，1796 年并入法国版图。科西嘉原为法国一省，后改设上科西嘉和南科西嘉两省。岛上大多农村建在海拔 200~800 米的地区，海岸城镇巴斯蒂亚和阿雅克肖吸引了岛上三分之一的人口居住，这两个城镇也是全岛最主要的贸易和销售中心。

节日风俗

科西嘉岛人口分布不均，大部分的人口都居住在便利的沿海地段，其他地方几乎荒无人烟，因此科西嘉岛上的节日也具有明显的区域特性。

岛上西北城镇卡尔维每年举行的复活节节街道游行（La Semaine Sainte）在耶稣受难节时达到最高潮。这里6月下旬举办的卡尔维爵士音乐节（Calvi Jazz Festival）是科西嘉岛上规模最大的爵士音乐节。此外，卡尔维10月末的风节（Festiventu）也颇具特色，当天海滩上会有数百只风筝飞上蓝天庆祝节日到来。

拿破仑是科西嘉岛永远的骄傲。在拿破仑的出生地阿雅克肖，每年的8月15日会举行隆重的庆典欢庆拿破仑的生日，届时会有军队游行、街道表演以及壮观的烟花表演。在阿雅克肖的福煦广场（Place du Foch），每年夏季晚上7点还可以观看盛大的警卫换岗仪式。

此外，科西嘉岛东南的韦基奥港湾的夏季夜晚也是热闹非凡，犹如派对之王穿上了舞鞋，开始热烈起舞。在韦基奥港湾南部郊区，几乎每天晚上都会举行歌舞狂欢，热情似火。

最佳季节

科西嘉岛自然风光优美，被称为“美丽岛”。岛上气候属地中海气候，年平均气温15℃，阿雅克肖平均气温为21℃，冬季温和，夏季凉爽，每个季节都适合前往旅游。每年五六月份，是科西嘉岛上灌木丛最为茂盛的时候，位于岛屿中心地带崇山峻岭间的灌木丛中花香四溢，香气飘至海上，为科西嘉赢得“香岛”的美名。7月到9月是岛上气温最高的时候，此时前往，可以在沙滩、隐秘的岩石海湾以及蓝绿色的海水中，尽情享受日光浴。

文化特色

科西嘉于公元前6世纪始见于史载，当时希腊人从小亚细亚的福西亚（Phocaea）远渡而来，在东海岸建造了阿拉利亚（Alalia）镇。其后的几个世纪，科西嘉岛先后经历过迦太基人、罗马人的统治。科西嘉与萨丁尼亚合为罗马帝国的一个行省之后，经济开始繁荣起来，罗马人将其语言传入岛上，成为现代科西嘉方言的基础。

13世纪至15世纪，比萨、热那亚、阿拉贡等城邦又先后夺取过该岛的控制权，到了18世纪，科西嘉岛并入了法国版图。如今距科西嘉岛被正式纳入法国领土已经有超过200年的时间，但从文化习俗、菜式料理到民风个性，所有的一切它还是保留着一份自己独特的风情，这也是科西嘉的魅力所在。

银发族出行指南

机场→科西嘉岛

从中国前往科西嘉岛无直飞航班，北京、上海等城市飞往科西嘉岛的航班都需要从巴黎转机。巴黎奥利机场已开通飞往科西嘉岛的直飞航班，仅需 1 个半小时左右即可到达，费用约 1500 元，每天都有数趟航班。

科西嘉岛共有 4 座机场，分别位于阿雅克肖、巴斯蒂亚、卡尔维和博尼法乔，机场距离所在城市市区 7 千米至 20 多千米不等。全年都有很多航班往返于法国大陆的各个机场。每年 5 月到 9 月，也有很多航班前往欧洲其他城市。

从法国大陆前往科西嘉岛除了飞机，也可以乘坐渡轮。尼斯、马赛等港口都有渡轮可以前往科西嘉岛。需要注意的是渡轮所需时间较长，即便是从距离科西嘉岛最近的尼斯前往，也至少需要 5 个小时左右方可到达。

科西嘉岛→周边

科西嘉岛上共有六个大小不等的渡轮港口（阿雅克肖、巴斯蒂亚、卡尔维、鲁斯岛、韦基奥港和普罗普里亚诺），分别运营开往周边意大利撒丁岛和法国大陆城市的轮渡，这些港口均匀地分布在科西嘉岛的环形海岸线上，由几家主要的渡轮公司运营。渡轮公司及其运营线路可见下表：

渡轮公司	Cosica-Ferris	La-Méridionale	科西嘉地中海国营海运公司	Moby-Lines	Saremar
运营线路	尼斯至阿雅克肖、巴斯蒂亚、卡尔维等地；意大利里窝那（Livorno）和萨沃纳（Savona）至巴斯蒂亚	马赛至阿雅克肖、巴斯蒂亚、普罗普里亚诺的夜间航班；往返于意大利撒丁岛和普罗普里亚诺的渡轮	马赛、尼斯到阿雅克肖、巴斯蒂亚等地	热那亚和里窝那至巴斯蒂亚，以及撒丁岛至博尼法乔的季节性渡轮	往返于撒丁岛和博尼法乔的季节性渡轮

科西嘉岛本岛

到目前为止，游览科西嘉岛的最佳方式就是自驾，但是征服岛上蜿蜒曲折的公路实属不易，因此需要一张详尽的公路地图。IGN 比例为 1∶100000 的 Cartes de Promenade 系列地图（73 号地图为科西嘉岛北部，74 号地图为南部）很不错，米其林的黄色封面地图 Corse-du-Sud,Haute-Corse（345 号地图）则覆盖了整个岛屿，比例为 1∶150000，也是十分具有参考价值的公路地图。

科西嘉岛上公共汽车数量有限，十分不便。相比起来火车更加吸引人，虽然可供选择的线路不多，但有往返于巴斯蒂亚和阿雅克肖的列车，一路乡村风景怡人，此外还有前往卡尔维的分支线路。Corsica Bus & Train（www.cosicabus.org）是一个非常有用的网站，在上面可以查询全岛正在运行的公共汽车和火车时刻表。

主要城市	巴斯蒂亚	卡尔维	阿雅克肖	博尼法乔	韦基奥港
游客中心信息	电 话：(33-4) 95542040； 位 置：place St-Nicolas	电 话：(33-4) 95651667； 位 置：Port de Plaisance	位置：3 bd du Roi Jérome	位 置：2 rue Fred Scamaroni	位 置：Rue Camille de Rocca Serra

银发族住宿指南

科西嘉岛上的住宿选择较多，因为岛上居民的主要活动地一般在海岸线边，所以海景也是当地住宿的亮点之一。阿雅克肖作为科西嘉大区的首府所在地，住宿种类最为齐全，同时这里也是前往岛上其他地方的重要交通枢纽，再加上阿雅克肖自身的旅游资源，使其成为来到科西嘉岛旅游住宿的最佳选择。此外，位于岛的西北部的卡尔维有着最靠近法国大陆的港口，也是住宿的理想之地。需要注意的是科西嘉岛很多餐馆和旅馆都不接受信用卡，所以提前多准备些欧元是很明智的。

卡伊斯德酒店 Hôtel Kallisté

酒店是一幢典型的19世纪阿雅克肖风格建筑。裸露的砖块、中性色调、赤陶瓷砖和新潮的玻璃电梯，这一切又使这里有一种新式酒店的感觉。客房双层的玻璃窗将拿破仑林荫道上嘈杂的车辆声隔绝在外，营造出安静的睡眠氛围。价格：90欧元起。

地址：阿雅克肖拿破仑中路51号

交通：在市中心打车或者自驾前往

电话：(33-4) 95513445

马伦戈酒店 Hôtel Marengo

想与沙滩近距离接触，可以入住这家位于阿雅克肖海滩附近的漂亮小旅馆。旅馆每间客房都配有阳台，还有一个宁静的种满鲜花的庭院。接待处可以见到很多优雅的绘画和个人小物件。价格：65欧元起。

地址：阿雅克肖马伦戈大道2号

交通：阿雅克肖拿破仑波拿巴机场乘车10分钟即到

电话：(33-4) 95214366

科隆巴酒店 Hôtel Le Colomba

酒店位于一幢修葺过的14世纪优雅建筑内，所处街道风景独好，就在博尼法乔老城中心地带。房间精致，让人愉悦。价格：110欧元起。

地址：博尼法乔老城西蒙瓦尔希大道

交通：博尼法乔老城内步行即到

电话：(33-4) 95737344

巴斯蒂亚中心旅馆 Hôtel Central

这是一个家庭经营的旅店，从古色古香、黑白色瓷砖铺就的地板到一尘不染的楼梯，还有迷你庭院中种植的各种植物，无不让人心旷神怡。价格：77欧元起。

地址：巴斯蒂亚迈尔特街3号

交通：乘船至巴斯蒂亚码头步行即达

电话：(33-4) 95317112

美食菜品

热衷美食的人来到科西嘉岛将会沉醉于科西嘉奶酪丰富的口感和质地中，从味道浓烈且较硬的 Tomme Corse（半硬绵羊奶酪）到岛上的奶酪之王 Brocciu（一种口感酥脆的白色奶酪，只能在 12 月至次年 6 月份之间吃到）。新鲜的奶酪鲜香浓郁，夏季还能品尝到干奶酪或半干奶酪。

在科西嘉，无论走到哪里，都有丰富的肉类熟食供你选择。有 prisuttu（腌制 18 个月的火腿）、lonzu（烟熏猪肉嫩排）、coppa（经过 5 个月风干的肩头肉）、salamu（腊肠）以及 terrine de sanglier（野猪肉酱），这些美味熟食的原料都是自由放养的、吃栗子长大的猪。

除了奶酪和肉类熟食，科西嘉岛上的甜点也很值得品尝，这里各式各样的点心以及美味的冰激凌，让喜爱甜食的人仿佛置身天堂。此外，科西嘉还拥有品类众多的葡萄酒、水果利口酒等，巴拉捏地区和阿尔塔罗卡（L' Alta Rocca）出产的橄榄油也很出名。

银发族养生美食

科西嘉岛上水资源丰富，多海湾、海岬和小岛。这里盛产谷物、水果和橄榄油等食品原料。有食品加工、酿酒、养鱼等产业，乳酪、葡萄酒等还是其主要的出口产品。科西嘉岛以新鲜的原料和别具风味的烹饪艺术，成为领略别样法兰西风情的美食之地。

养生功效

橄榄油是科西嘉岛的特产之一，它由新鲜的油橄榄果实直接冷榨而成的，不经加热和化学处理，保留

了天然营养成分，被认为是迄今所发现的油脂中最适合人体营养的油脂，在西方被誉为“液体黄金”。

橄榄油中含有比任何植物油都要丰富的不饱和脂肪酸、维生素和胡萝卜素等脂溶性维生素以及抗氧化物等成分，人体消化吸收率极高。它有减少胃酸、防止胃炎等功能，并可刺激胆汁分泌，激化胰酶的活力，以减少胆囊炎和胆结石的发生。橄榄油富含与皮肤亲和力极佳的角鲨烯和人体必需脂肪酸，能够有效地保持皮肤润泽和弹性。另外用橄榄油涂抹皮肤还能帮助防紫外线，真正是好处多多的黄金油。

美食搜街

科西嘉岛上的餐馆分布广泛，最集中的地方在每个城市的老城区或者港口码头。在游客集中的海滩附近，有许多上好的餐馆为游客提供丰富的餐饮选择，有海鲜、点心等。码头附近的夜市也是绝佳的美食之地，在那里享受完美味还可以在附近散散步，十分惬意。

漫游阿雅克肖

优雅的阿雅克肖魅力无限，城市位于可爱的海湾边，充满自信。不管是独自旅行者、寻求浪漫的爱侣或者举家出游的人们都会爱上这座城市。作为拿破仑的故里，这里到处遍布着伟人的遗迹，从童年的家到海边的雕像，再到博物馆以及各种街名。

游览路线推荐: 费什博物馆—拿破仑故居—波蒂奇奥海滩

银发族行程安排

从卡尔维到波尔托

卡尔维位于15世纪火橙色的堡垒和月牙形海湾的晶莹海水之间，是一处时尚精致的度假胜地。高耸的热那亚城堡是卡尔维的标志。位于卡尔维南部的波尔托（Porto）是科西嘉西海岸最惹人瞩目的胜地，这里有着受联合国教科文组织保护的斯坎多拉自然保护区以及让人叹为观止的皮亚纳的卡朗克。

游览路线推荐: 卡尔维城堡—圣让洗礼教堂—斯坎多拉自然保护区

探访博尼法乔

博尼法乔被誉为法国的“天涯海角”，这个炫目的港口城市是科西嘉岛行程上不可缺少的一站。这里距离意大利撒丁岛很近，带有明显的意大利风情。这里有被阳光晒褪色的小屋、悬挂的晾衣绳以及聚集在老城堡纵横交织的小巷中的礼拜堂，是游览科西嘉南部海滩和拉韦西群岛的绝好之地。

游览线路推荐: 城堡老街—国王阿拉贡阶梯—拉韦西群岛

参考信息

科西嘉岛西海岸波尔托

没有公共交通前往斯坎多拉自然保护区，唯一的前往途径是走海路。4 月至 10 月间有不少渡轮公司运营从波尔托码头前往保护区的渡轮，通常停靠在卡朗克（Les Calanques）和吉罗拉塔（Girolata），费用 25 欧元左右

银发族温馨贴士

波尔托面积很小，在航运码头和老海港周边，无数餐馆竞相争夺海滨的有限摊位。Les Sud 和 La Mer 的餐馆都是季节性营业，能眺望海景，颇受当地人和游客的好评。

斯坎多拉自然保护区
Réserve Naturelle de Scandola

斯坎多拉自然保护区是科西嘉西海岸的一颗璀璨明珠，保护区建于 1975 年，占陆地面积 900 多平方千米，海洋面积 1000 多平方千米，从 1983 年开始便被联合国教科文组织列入世界遗产的行列之中。

保护区内的岩石在海水与风力的侵蚀作用下，形成了令人叹为观止的风景：或是溶洞万千，或是缝隙遍布，或是岩峰冲天而立，或是山峰尖锐凸出。海鸟在这里建巢，红色的海边悬崖上生长着香桃木、黄连木、岩蔷薇等植被，生机勃勃。

费什博物馆 Musée Fesch

费什博物馆是岛上必看的景点之一。这家一流的博物馆由拿破仑的叔叔建立，拥有法国卢浮宫外最大规模的意大利绘画收藏。这里收藏的大批 14~19 世纪的意大利艺术品，大部分都是拿破仑海外战争中掠夺所得，包括提香（Titian）、波提切列（Botticelli）和贝里尼（Bellini）等人的作品。值得一看的有波提切列的杰作之一《圣母子与天使》、提香的《戴手套的男子》等佳作，博物馆还会举办临时展览。

参考信息

- 卡迪纳尔费什大道 50-52
- （33-4）95214817
- 位于阿雅克肖市内，可步行前往
- 8 欧元
- 周一、周三、周六 10:30~18:00；周四、周五、周日 12:00~18:00

鲁斯岛 île Rousse

位于巴拉捏（La Balagne）地区的鲁斯岛是一个繁忙的海滩小镇。这里聚集了阳光、名人和假日游艇。这是一条狭长多沙的曲形地带，背后是灌木丛覆盖的群山。鲁斯岛最初由帕斯卡尔 • 保利在 1758 年建立，当初的目的是建立起一个能够与亲热那亚的卡尔维抗衡的竞争港口。如今，这个集历史、文化和海滩于一体的地区已经成为度假胜地，有着让人眼花缭乱的地中海风情以及明信片般优美的村庄风景。

参考信息

- 科西嘉巴拉捏地区
- 往返卡尔维和巴斯蒂亚的公共汽车在鲁斯岛停靠

皮亚纳的卡朗克
Calanques de Piana

皮亚纳的卡朗克（科西嘉人称之为 E Calanche）的美震撼人心，任何夸张的溢美之词用来形容它都不过分。

风蚀的悬崖从波尔托海湾拔地而起，令人惊叹的猩红色石柱、险峻石峰以及不规则形状的彩色巨石峥嵘雄伟。大自然的鬼斧神工在这里被体现到极致，阳光的照耀下，如同赤色的火焰耀眼夺目，是科西嘉最知名的景观之一。

另外，想要真正体验卡朗克的多姿多彩，不妨选择步行游览，细细品味风景如画的乡村小径一定会让你流连忘返。

参考信息

科西嘉岛的中西部海岸

可乘坐每天两班的，往返于波尔托和阿雅克肖的公共汽车（电话：(33-4) 95224199)，途经皮亚纳时下车。或者自驾前往，沿着波尔托南部的 D81 公路行驶 10 千米就可到达

银发族温馨贴士

皮亚纳游客中心位于 place Mairie，接待时间为每周一至周五 9:00~18:00。游客中心为游客提供旅行小册《Pina:Sentiers de Randonnée》，上面列出了 6 条徒步路线可供参考。

历史印记

观一观

卡尔维城堡 Calvi Citadel

卡尔维的古城堡坚固雄伟，傲然雄踞在高高的海角之上。五个棱堡包揽了壮观的海景。城堡最初由热那亚统治者建立，几个世纪以来，它见证了多次的侵袭，帮助岛上居民抵挡了包括法国—土耳其袭击者和盎格鲁—科西嘉军队在内的所有来犯之敌。

进入到城垛内部时，千万不要错过错落有致的 Casernr Sampieo，这里曾经是热那亚统治者的权力中心。还有建于 13 世纪的圣让洗礼教堂（Cathédrale St-jean Baptiste），教堂内有着著名的遗物——乌木的《基督之奇迹》雕像（*Christ des Miracles*），据说它曾在 16 世纪撒拉逊人入侵时拯救了这座城市。

银发族温馨贴士

卡尔维城堡位于科西嘉岛西北海岸的小港口，入口顶上的岩石碑刻着“永恒的菲德里斯”，城堡的脚下还有一座哥伦布纪念碑，据说哥伦布原本诞生在这里，有兴趣的可以前去验证。

参考信息

科西嘉岛西北沿岸

卡尔维的渡轮码头每天都有来往尼斯的渡轮，乘坐岛上公共汽车（Les Beaux Voyages）也可到达卡尔维。另外从巴斯蒂亚、阿雅克肖等地还可乘坐火车前往卡尔维

免费参观

全年开放

拿破仑故居 Maison Bonaparte

参考信息

- 科西嘉岛圣查尔斯街
- (33-4) 95214389
- 阿雅克肖市内可步行到达
- 7 欧元
- 4 月至 9 月 10:30~18:00；10 月至来年 3 月 10:00~16:45

拿破仑故居以博物馆的形式纪念这位科西嘉岛乃至法国历史上的伟大英雄。它位于一座宏伟的建筑里，拿破仑在这里度过了人生中的前 9 年时光。1973 年，这幢房子被科西嘉的民族主义者洗劫一空，1974 年至 1976 年又被英国军队征用，最后拿破仑的母亲进行了重建，这里成为法国革命者的朝圣之地。至今游客在参观时仍然被要求保持肃静。故居里保存了拿破仑这位昔日帝王及其兄弟姐妹的纪念品，包括装有拿破仑一绺头发的玻璃奖章。

银发族温馨贴士

在船坞码头，Colombo Line 经营有沿海的季节性轮渡游，这是避开夏天拥挤交通的好办法，其中斯坎多拉保护区一日游是最热门的线路。

每年 6 月下旬，卡尔维会举办卡尔维爵士音乐节，节日活动精彩纷呈，不要错过。

巴斯蒂亚城堡 Bastia Citadel

参考信息

- 巴斯蒂亚旧港南部海湾上
- (33-4) 95310912
- 巴斯蒂亚港口有两个渡轮站，有往返于马赛、尼斯等地的渡轮
- 巴斯蒂亚历史博物馆 5 欧元
- 巴斯蒂亚历史博物馆 7 月至 9 月中旬 10:00~16:00，其余季节开放时间缩短

巴斯蒂亚城堡是一座琥珀色的雄伟建筑，位于巴斯蒂亚旧港（Vieux Port）南部海湾之上。城堡建于 15 世纪至 17 世纪，是当时城市的统治者热那亚人修建的防守要塞。在总督宫（Palais des Gouverneurs）内部是巴斯蒂亚历史博物馆（Musée d' Histoire de Bastia）。还有南部气势恢宏的圣玛丽教堂（Église Ste-Marie）以及附近的圣克罗伊教堂（Église Ste-Croix），都是不可错过的历史建筑，教堂里除了镀金的天花板外，还有 15

银发族温馨贴士

建于19世纪的圣尼古拉斯广场（Place St-Nicolas）是巴斯蒂亚最热闹的地方。广场沿着渡轮港口和海港之间延伸开来，周围遍植梧桐，广场西侧还有许多露天咖啡馆，可供游人尽享休闲的乐趣。

世纪从海中打捞出来的神秘黑色橡木十字架。

国王阿拉贡阶梯 Escalier du Roi d'Aragon

国王阿拉贡阶梯位于博尼法乔城堡老街南面的峭壁之上。相传这段187级的陡峭石梯是在1420年的围城战中，由当时的国王阿拉贡的军队在一夜之间开凿而成。当阿拉贡的军队到达石梯顶端时，博尼法乔居民的自卫反抗阻挡了他们前进的脚步。现实中，这段石梯还能通往一个地下淡水湖。

参考信息

- 博尼法乔城堡老街南面的峭壁上
- 可乘坐往返于博尼法乔和阿雅克肖之间的公交车（Eurocorse），或者乘坐从港口开往博尼法乔上城区的小火车前往
- 2.5欧元
- 周一至周五9:00~19:00，周末10:00~18:00

秀一秀

自然风光

参考信息

- 科西嘉岛阿雅克肖西部海岸
- 在阿雅克肖乘坐 5 路公交车可以到达，或者租车前往
- 免费
- 全天开放

帕拉塔角 Pointe de la Parata

帕拉塔角是科西嘉岛西海岸曲折海岸的海角之一，位于阿雅克肖以西 12 千米，海角的土质是白色的花岗岩。这里的美景对于徒步和摄影爱好者来说如同磁石一般，具有非比寻常的吸引力。海角上一条留下无数人脚步印迹的小径已经说明了一切。这里不仅拥有无敌的海景，还能够近距离感受赤血岛（Les iles Sanguinaires）的神秘。到了傍晚时分，日落时分的赤血群岛堪称一绝，只见岛屿笼罩在鲜艳的夕阳余晖中，美不胜收。

韦基奥港 Porto-Vecchio

韦基奥港位于科西嘉岛东南，其无所不在的魅力，紧跟时尚的潮流，被誉为科西嘉的圣特罗佩（St-Tropez）。这个美丽的海湾有着迷人的小巷、随处可见的精致餐馆以及精品设计小店。这里还有一处优美的热那亚古堡遗迹，十分值得拍摄入镜。港湾周边还存在着众多漂亮的海滩，其中开阔的 Plage de Palombaggia 最为出彩，泛着波光的蓝色海水，种满松树的狭长沙滩以及可以远眺的美丽海岛，如同田园诗画般动人。这里也是法国一线明星和富人们喜爱前来的地方。

参考信息

科西嘉岛东南部

（33-5）56006600

韦基奥港的码头有往返于马赛的渡轮可以乘坐，在巴斯蒂亚、阿雅克肖等地还可以乘坐公共汽车前往韦基奥港

银发族温馨贴士

韦基奥港北边的海岸沿线也散布着许多风景靓丽的沙滩。Cala Rossa 和 Baie de San Ciprianu 的漂亮海滩一定会让游客怦然心动。再北边的 Pinarello 海湾有一座热那亚瞭望塔，浅水区也分布着一些令人惊叹的沙滩。

科西嘉角 Cap Corse

科西嘉角位于科西嘉岛最北部，相比岛上其他地方，这个多山的半岛在地图上显得格外突出。科西嘉角长 40 千米，宽 10 千米，如同一根指向大陆的巨大手指。这里有着慵懒的滨海渔村以及散落在险峻山间的小屋。沿海岸线分布的神秘的热那亚瞭望塔。这里曲折的海湾和陡峭的悬崖充满着诱惑力，让人无限神往。

参考信息

科西嘉岛最北部

前往科西嘉角最好的方式是租车，沿着半岛蜿蜒的海岸线公路 D80 一路行驶，无限美景，近在眼前

免费

全天开放

银发族温馨贴士

科西嘉角东部的 Macinaggio 村景致优美，有一个漂亮的海湾，这里提供岛上最好的停泊环境以及非常棒的渡轮游。

科西嘉角的 Centuri 是岛上最主要的龙虾船队停泊港，沿海分布着众多的海鲜餐馆，游客可以在此边赏美景，边尝美食。

拉韦西群岛 îles Lavezzi

拉韦西群岛占地面积 65 平方千米，是一个受保护的无人居住的群岛，也是科西嘉周边最容易前往的岛屿。岛上风景原始优美，拥有纯天然泳池和旖旎的绵延沙滩。在这里既可以在宁静的碧水中徜徉，也可以在沙滩上安静地享受日光。拉韦西群岛被誉为“天堂之岛”，在夏天，很多公司都会组织到这里游玩。

参考信息

- 距离博尼法乔大约 10 千米处
- 可以在博尼法乔渡轮码头乘坐渡轮前往小岛

图书在版编目（CIP）数据

老年游法国 /《亲历者》编辑部编著 . -- 北京：中国铁道出版社，2016.10

（亲历者）

ISBN 978-7-113-21873-7

Ⅰ . ①老… Ⅱ . ①亲… Ⅲ . ①旅游指南—法国 Ⅳ . ① K956.59

中国版本图书馆 CIP 数据核字（2016）第 122658 号

书　　名：老年游法国

作　　者：《亲历者》编辑部　编著

策划编辑：聂浩智

责任编辑：孟智纯

编辑助理：杨　旭

版式设计：点点美術設計 | 左小文137 1839 8441

责任印制：赵星辰

出版发行：中国铁道出版社（北京市西城区右安门西街 8 号　邮编：100054）

印　　刷：中煤（北京）印务有限公司

版　　次：2016 年 10 月第 1 版　2016 年 10 月第 1 次印刷

开　　本：660mm × 980mm　1/16　印张：14　字数：320 千

书　　号：ISBN 978-7-113-21873-7

定　　价：48.00 元

360°全景旅行 世界最佳旅行月历
360°全景旅行 世界最美火车旅行
360°全景旅行 世界最美绿色公路
360°全景旅行 最美的100个风情小镇
360°全景旅行 大美世界遗产 环球卷
360°全景旅行 大美世界遗产 中国卷
360°全景旅行 中国最美的地方 七彩云南
360°全景旅行 中国最美的地方 仙境四川
360°全景旅行 中国最美的地方 绚丽新疆
360°全景旅行 中国最美的地方 雪域西藏
西安深度游 FOLLOW ME
桂林深度游 FOLLOW ME
山西深度游 FOLLOW ME
徽州深度游 FOLLOW ME
香港澳门深度游 FOLLOW ME
重庆深度游 FOLLOW ME
西藏深度游 FOLLOW ME
青海深度游 FOLLOW ME
云南深度游 FOLLOW ME
四川深度游 FOLLOW ME
地铁客逛香港 LET'S GO
地铁客逛北京 LET'S GO
北京
山西
福建
江南
云南
徽州
四川
陕西

2016
中国自助游

更多图书

敬请期待……